Marie Silling
Annette von Droste-Hülshoffs Lebensgang

Aus Fraktur übertragen

Silling, Marie: Annette von Droste-Hülshoffs Lebensgang
Hamburg, SEVERUS Verlag 2011.

ISBN: 978-3-86347-195-8
Lektorat: Inga Ernst
Druck: SEVERUS Verlag, Hamburg, 2011

Der SEVERUS Verlag ist ein Imprint der Diplomica Verlag GmbH.

Bibliografische Information der Deutschen Nationalbibliothek:
Die Deutsche Nationalbibliothek verzeichnet diese Publikation in der
Deutschen Nationalbibliografie; detaillierte bibliografische Daten sind im
Internet über http://dnb.d-nb.de abrufbar.

Die digitale Ausgabe (eBook-Ausgabe) dieses Titels trägt die
ISBN 978-3-86347-198-9 und kann über den Handel oder den Verlag
bezogen werden.

© **SEVERUS Verlag**
http://www.severus-verlag.de, Hamburg 2011
Printed in Germany
Alle Rechte vorbehalten.

Der SEVERUS Verlag übernimmt keine juristische Verantwortung oder
irgendeine Haftung für evtl. fehlerhafte Angaben und deren Folgen.

SEVERUS
Verlag

„Mehr ist ein Segen als
zehntausend Kronen."

„Nimm mich wie Gott mich hat gemacht,
und leih mir keine fremden Züge."

Vorwort

In dem neuen Deutschland, das kommen wird, bedarf auch die weibliche Jugend der Führerin. Keine aber ist dazu geeigneter als die größte deutsche Dichterin Annette v. Droste - Hülshoff.

Die Freiheit, nach der heute jeder strebt, fand sie nur in Erfüllung der Gesetze und das ungeschriebene Gesetz ihres Herzens suchte sie stets in Einklang mit Menschensatzungen zu bringen.

Die mütterliche Frau stand ihr am höchsten, aber sie verehrte jene wohl ebenso sehr, die in schlichter Weise auf dem angewiesenen Platz ihre Pflicht erfüllt und sich selbst genügt.

Den Unzufriedenen und Unglücklichen ruft sie zu:

O Glückliche mit unbekränzter Stirne!
O arm' Gefühl, das sich nicht selbst kann lohnen!
Mehr ist ein Segen, als zehntausend Kronen.

Ein Segen wollte sie stets anderen werden, und diesen Wunsch hat sie als Vermächtnis allen späteren Generationen hinterlassen.

Möchte die weibliche Jugend aus dem vorliegenden Lebensabriß und der leider beschränkte Auswahl ihrer Gedichte einen Hauch ihres Geistes verspüren und einen tiefen Blick in die eigene Seele tun, dann werden die Frauen nicht aussterben, die unserem Vaterland zum Segen gereichen.

Die Quellen zu dieser Arbeit sind außer Annette v. Drostes Dichtungen und Briefwechsel die Arbeiten von Levin Schücking und Hüffer.

Dresden, Juni 1915.
Marie Silling.

Der römische Geschichtschreiber Tacitus schilderte einst Deutschland und seine Bewohner und stellte den wenig erfreulichen Lebensgewohnheiten seiner römischen Landsleute die unverdorbene Kraft und die reinen Sitten der Deutschen zum Muster auf.

Die Art und Weise der Westfalen entsprach lange Zeit seinen Beobachtungen. Dichter und Dichterinnen haben sich oftmals bemüht, Land und Leute zu zeichnen, doch nur einer von allen ist es vergönnt gewesen, diesen Schilderungen bleibenden Wert zu verleihen.

Westfalen! „Seltsames, schlummerndes Land – so sachte Elemente, so leise seufzender Strichwind, so träumende Gewässer, so kleine friedliche Donnerwetterchen ohne Widerhall! und so stille blonde Leutchen, die niemals fluchen, selten singen oder pfeifen, aber denen der Mund immer zu einem behaglichen Lächeln steht, wenn sie unter der Arbeit nach jeder Minute die Wolken studieren und aus ihren kurzen Stummelchen gen Himmel schmoken, mit dem sie sich im besten Einvernehmen fühlen!"

Diesem seltsamen, schlummernden und träumenden Lande, dessen Bewohner alle eine körperliche Ähnlichkeit haben: ein lichtblaues, geisterhaftes Auge, das fast ängstlich zu ertragen ist, wurde in Annette v. Droste-Hülshoff die Dichterin geboren, die die Träume ihrer Landsleute in Poesie verwandelte, die alle Eigenschaften besaß, welche der große römische Geschichtsforscher einst an den Deutschen rühmte.

Schlicht, einfach und wahr, ausgezeichnet durch hingebende Treue und Selbstbeherrschung geht von ihr jenes „Ewig-Weibliche" aus, das jeden, der es aufnimmt, über sich selbst erhebt.

Annette v. Drostes Mutter Therese v. Harthausen zu Abbenburg, die Tochter eines alten Geschlechtes im paderbornischen, war eine Frau von trefflichem Charakter und ruhigem, klarem Verstande, so weit anerzogene Erziehung und Anschauungen diesen nicht beschränkt hatten. Sie folgte mit 21 Jahren dem 38jährigen liebenswürdigen, kinderlosen Witwer Clemens August v. Droste-Hülshoff auf seinen alten Stammsitz bei Münster, der bereits über fünf Jahrhunderte im Besitz der Familie war. Einer ersten Tochter, Jenny, folgte am 10. Januar 1797 ein zweites zu früh geborenes Töchterchen. Es war ein schwaches, kaum atmendes Kind, von dem man glaubte, es sei nur geboren, um durch schnellen Tod die kurze Lust der Eltern zu stören. „Ein Würmchen, was, noch kaum geboren, schon schmerzlich kämpfte um sein Leben":

„Acht Tage zählt es schon, eh' es
Die Amme konnte stillen,
Ein Würmchen, saugend kümmerlich
An Zucker und Kamillen.
Statt Nägel nur ein Häutchen lind,
Däumlein wie Vogelsporen
Und jeder sagte: Armes Kind!
Es ist zu früh geboren!"

Das kleine Mädchen wurde schon am 4. Tage nach seiner Geburt in die katholische Kirche, der die Eltern angehörten, aufgenommen und erhielt sieben Namen in der Taufe, von denen ihre Freunde später keinen einzigen kannten: „Mein eigentlicher Name ist Elisabeth, " schrieb die Dichterin einmal einem Freunde, „Anna Elisabeth, und aus dem Anna hat man Annette gemacht." Vornehme Glieder der großen Familie wurden zu Paten gewählt, eine Tante Äbtissin, eine Großtante, die Stiftsdame war, die Urgroßmutter mütterlicherseits und der Großvater v. Haxthausen. Dank der aufmerksamsten Pflege blieb das Kind am Leben, aber es machte stets den Eindruck von etwas Fremdartigem, Elfenhaftem, und völlig gesund ist es wohl nie gewesen. Übergroße, hellblaue Augen schauten unter einer auffallend breiten und hohen ausgebildeten Stirn hervor, über die eine Fülle hellblonder Locken fielen. Das lebhafte und aufgeregte Kind hielt oft Selbstgespräche, vergaß alles um sich her, wenn es etwas entzückte, bezeigte leidenschaftliche Sehnsucht nach Gegenständen, die seine Phantasie ihm ausmalte und hatte Träume von solcher Deutlichkeit, daß es diese zu erzählen, sich nach ihrer Wiederholung zu sehnen vermochte. Der Mutter Erziehung richtete sich deshalb streng darauf, diese lebhafte Phantasie zu zügeln, denn Wahrheit und Lüge schienen ihr darin eng verschwistert. Wie bei allen begabten Kindern stellte sich auch bei Annette früh eine große Lesewut ein, und deshalb wurden Bücher, die sie nicht lesen sollte, streng vor ihr verschlossen gehalten. Eines Tages – so erzählt sie selbst – findet sie zu ihrer Überraschung den Schlüssel an dem geheiligten Bücherschranke stecken. Mit klopfendem Herzen holt sie einen Stuhl herbei und, darauf stehend, vertieft sie sich sofort in eins der verbotenen Bücher. Ein Weilchen bleibt sie ungestört, plötzlich aber läßt sich unten auf der Treppe der Schritt der Mutter hören. Erschrocken stellt sie das Buch in den Schrank, wirft die Türe zu, reißt den Schlüssel heraus und läuft davon. Nachdem sie sich eine Weile im Garten herumgetrieben hat, kehrt sie schüchtern und schuldbewußt in das Haus zurück. Zu ihrer größten Bestürzung sieht sie hier, wie die Mutter überall nach dem Schlüssel sucht, wobei bald der eine, bald der andere danach gefragt wird. Sie weiß, daß sie den Schlüssel abgezogen hat, aber sie hat ihn nicht mehr und kann sich auch keine Rechenschaft darüber geben, wo sie ihn in der Bestürzung gelassen hat, ja, es ist ihr, als hätte sie ihn bei ihrer

Flucht über die Brücke, die aus dem Hause in den Garten führt, in den breiten, tiefen Graben geworfen! Wenn es der Mutter einfällt, die Frage nach dem Schlüssel an sie zu richten, so darf sie nicht lügen, sie muß mit dem Geständnis herausrücken. Glücklicherweise fragt die Mutter nicht! Der Abend kommt, das Suchen wird auf den nächsten Morgen verschoben. In größter Beängstigung legt sich Annette zu Bett und bittet inbrünstig den lieben Gott, er möge ihr helfen. Entschlummert träumt sie, daß irgendein wohlwollendes gütiges Wesen zu ihr tritt und zu ihr sagt: „Habe keine Sorge mehr, der Schlüssel, den du in den Hausgraben warfst, wird morgen oben auf dem Schranke liegen." Am anderen Morgen ist ihr erster Gang dorthin und siehe da, der Schlüssel liegt wirklich dort, sie kann ihn der Mutter als gefunden überbringen. Aus ähnlichen Träumen sind später einige ihrer reifsten Dichtungen entstanden.

In der alten durch Gräben geschützten Ritterburg verlebte Annette, trotz der mitunter strengen Erziehung, mit der älteren Schwester und den beiden jüngeren Brüdern eine sehr glückliche Kindheit. Den ersten Unterricht leitete die Mutter, deren Handschrift sie anfänglich getreulich nachzuahmen suchte, während sie sich später eine zwar saubere, aber winzige Handschrift aneignete, die man nur mit Mühe und starker Anstrengung lesen kann. Gemeinsam mit den Brüdern wurde sie dann von einem Hauslehrer unterrichtet, auch im Griechischen, Lateinischen und der Mathematik.

Die Kenntnis des Lateinischen hat sie lebenslang gepflegt, wie ihre Briefe beweisen, in denen oft lateinische Zitate benutzt werden, auch half ihr diese Sprache bei ihren Sammelneigungen zur Bestimmung von Münzen, Gemmen, Steinen usw. Im Laufe der Zeit eignete sie sich ferner mit Leichtigkeit die neueren Sprachen an, so die französische, englische, italienische und holländische, daneben vernachlässigte sie aber auch andere Übungen nicht. Sie lernte Zeichnen, Spinnen und Stricken, lief mit den Brüdern Schlittschuh und führte besonders mit dem jüngsten Bruder allerlei Schelmereien aus, von denen die beliebteste war, hinten im Garten, von Hecken versteckt, Schuhe und Strümpfe auszuziehen und mit bloßen Füßen, ganz wie die beneideten Kötterkinder, umherzulausen, selbst auf die Gefahr hin, als Strafe in der nächsten Stunde in die Ecke gestellt zu werden. Früh regte sich ihre dichterische Begabung. Ein Gedicht zum Namenstag der Mutter am 15.Qktober 1804 gehört zu ihren ersten erhaltenen Talentproben:

> O liebe Mama, ich wünsche dir
> Für deine guten Gaben,
> Daß jedes Jahr dir fließe hin,
> Ohn' eine einzige Plage,
> Bis endlich dich das Alter erreicht,
> Nur mein', nicht deine Freude weicht,
> Weil du dich nicht, wie ich, der Jugend kannst erfreun,
> Und nicht, wie ich, kannst fröhlich sein.

Eine gewiß zeitige Erkenntnis des unfreundlichen Alters – mit sieben Jahren!
Das „erste Gedicht" schildert lebendig aus ihren späteren Erinnerungen heraus, wie sie in frühster Jugend heimlich die streng verpönte Wendelstiege des alten wackligen Turmes hinauf geklettert ist, um in des Daches Sparren ein heimlich Ding zu bergen:

>Das sollten Enkel finden,
>Wenn einst der Turm zerbrach,
>Es sollte Etwas künden,
>Das mir am Herzen lag;
>Nun sinn' ich oft vergebens,
>Was mich so aufgeregt,
>Was mit Gefahr des Lebens
>Ich in den Spalt gelegt.
>
>Mit einmal will mir's tagen!
>Es war – ich irre nicht –
>In Goldpapier geschlagen
>Mein allererst Gedicht!
>Mein Lied vom Hähnchen, was ich
>So still gemacht beiseit',
>Mich so geschämt und das ich
>Der Ewigkeit geweiht.
>
>Wolltest so hoch du fahren,
>Du töricht Kind? Wer weiß?
>Vielleicht nach dreißig Jahren
>Treibt schwach dein Lorbeerreis
>Du wirst noch schwer und blutig
>Durch manche Schule gehn;
>Und dann nicht halb so mutig
>Vor deiner Nachwelt stehn! –

> Nie sorgt ein Falke schlechter
> Für seine erste Brut!
> Doch du, mein grauer Wächter,
> Nimm es in deine Hut;
> Und ist des Daches Schiene
> hinfürder nicht zu traun,
> So laß die fromme Biene
> Dran ihre Zelte baun!

Mit dem poetischen entwickelte sich fast gleichzeitig ihr musikalisches Talent. Der „Weißesche Kinderfreund" war im Anfang des Jahrhunderts auch in Münster eine beliebte Jugendschrift. Zu den darin enthaltenen Liedern dachte sich das kleine Mädchen Klavierbegleitungen aus und als die froh überraschte Mutter das Kind dafür belobte, gab es zur Antwort: „Wenn ich älter bin, Mama, schreibe ich solche Stücke und solche Lieder selbst und komponiere sie noch viel schöner als diese." Das Selbstbewußtsein des Genies, von dem der junge Goethe in ähnlicher Weise erfüllt war, lebte auch in der naiven Seele dieses Kindes. Das musikalische Talent sowohl wie das für Poesie und Sprachen, war bereits in früheren Generationen der Familie hervorgetreten und wurde besonders im großelterlichen Hause beachtet und gefördert.

Es war für die Hülshoffer Kinder stets eine besondere Freude, wenn der große, schwer bepackte Familienwagen für eine Fahrt zu den Großeltern nach Böckendorf bereit gemacht wurde und es durch die langen Eichenalleen hinausging in die unbekannte Welt, die aus weiten Heiden und endlosen Mooren zu bestehen schien. Annette wurde bald der erklärte Liebling der Großmutter, und der Onkel Werner sah schon frühzeitig in ihr eine kleine Sappho. Das Beste aber gab dem Kinde doch das Elternhaus, vor allem die selten harmonische Ehe, unter deren Augen es heranwuchs. In einem Bruchstück ihres Nachlasses: „Bei uns zu Hause auf dem Lande" entwirft sie mit ihrem unnachahmlichen humoristischen. Schilderungstalente ein Bild dieser Eltern und zugleich ein unverkennbares Selbstbildnis, wie es allerdings nur ein großer Künstler von sich zu geben vermag. Das Bruchstück ist in Form eines Tagebuches geschrieben; ein Lausitzer Vetter berichtet darin von den Eindrücken, die er von seinen Verwandten in Westfalen erhielt.

„Ich fahre durch die lange, weite Eichenallee, wo die schlanken Stämme ihre noch schwachbelaubten Wipfel über mich breiten; ich sehe zwischen den Lücken der Bäume einen weiten Wasserspiegel, graue Türme vortreten; bei Gott! es war mir doch seltsam zumute, als ich über die Zugbrücke rollte und über dem Tore den steinernen Kreuzritter mit seinem Hunde sah. Die gnädige Frau empfing mich stattlich, aber verlegen, das Bäschen stumm verlegen, der junge Vetter neugierig verlegen, der eigentliche Herr, der fast mit mir zugleich eintrat und bei unserer ersten Bewillkommnung einen piependen und flatternden Vogel in der Hand hielt, war auch verlegen, aber auf eine überaus teilnehmende Weise. Verlegen waren alle, und so blieb mir nichts übrig, als es am Ende mit zu werden; man sah, wie in allen eine unterdrückte Herzlichkeit kämpfte, mit einem Etwas, das ich nicht ergründen konnte. Der erste Tag ging mühsam hin, obwohl der Vetter mich in alle seine Freuden und Schätze einweihte: seine nie gesehenen Blumenarten eigener Fabrik, seine Rüstkammer, seine landwirtschaftlichen Reichtümer, sogar den Augapfel seines Geistes, sein unschätzbares *Liber mirabilis*. Nichts zeigt die reiche, kindlich frische Phantasie des Herrn deutlicher als sein *Liber mirabilis*, eine mühsam zusammengetragene Sammlung alter, prophetischer Träume und Gesichte, von denen dieses Land wie mit einem Flor überzogen ist. Der Vetter hat alle diese in der Tat merkwürdigen Träumereien gesammelt und teils aus scholastischem Triebe, teils, um sie für alle Zeiten verständlich zu erhalten, in sehr fließendes Latein übersetzt und sauber in einer buchförmigen Kapsel verwahrt, und Liber mirabilis steht breit auf dem Rücken mit goldenen Lettern; dies ist sein Schatz und Orakel, bei dem er anfragt, wenn es in den Welthändeln konfus aussieht, und was nicht damit übereinstimmt, wird vorläufig mit Kopfschütteln abgefertigt.

Der Herr liest viel, täglich mehrere Stunden und immer Reisebeschreibungen, wo seine naive Phantasie immer den Autor überflügelt und er heimlich auf jedem Blatte ein neues Eldorado oder die Entdeckung des Paradiesgartens erwartet; überhaupt kommt mir diese Familie vor wie die Belehrendes, Sprachliches, Geschichtliches, zur Abwechslung Scholastiker des Mittelalters mit ihrem rastlosen, gründlichen Fleiße und bodenlosen Dämmerungen. – Alles bildet an sich und lernt zu bis in die grauen Haare hinein und alles glaubt an Hexen, Gespenster und den ewigen Juden.

Die Musik wird hier stark getrieben – die Anregung geht zumeist von der gnädigen Frau aus, die gern aus den Leuten alles holen möchte, was irgend darin steckt – das Talent aber vom Herrn, und es ist nichts lieblicher, als ihn abends in der Dämmerung aus dem Klaviere phantasieren zu hören. Sonst hat der Herr noch viele Liebhabereien, alle von der kindlichen Originalität; zuerst eine lebende Ornithologie (denn der Herr greift alles wissenschaftlich an); neben seiner Studierstube ist ein Zimmer mit fußhohem Sand und grünen Tannenbäumchen, die von Zelt zu Zeit erneuert werden. Die immer offenen Fenster sind mit Draht verwahrt und darin piept und schwirrt das ganze Sängervolk des Landes, von jeder Art ein Exemplar, von der Nachtigall bis zur Meise; es ist dem Herrn eine Sache von Wichtigkeit, die Reihe vollständig zu erhalten; der Tod eines Hänflings ist ihm wie der Verlust eines Blattes aus einem naturhistorischen Werke.

Dann ist der Herr ein gründlicher Botanikus und hat schon manche schöne Tulpe und Schwertlilie in seinem Garten; das ist ihm aber nicht genug, seine reiche, innere Poesie verlangt nach dem Wunderbaren, Unerhörten – er möchte gern eine Art unschuldigen Hexenmeisters spielen und ist auf die seltsamsten Einfälle geraten, die sich mitunter glücklich genug bewähren und für die Wissenschaft nicht ohne Wert sein möchten: so trägt er mit einem feinen Samtbürstchen den Blumenstaub sauber von der blauen Lilie zur gelben, von der braunen zur rötlichen und die hieraus entspringenden Spielarten sind sein höchster Stolz. Wie er aussieht? Denkt euch einen großen stattlichen Mann, gegen dessen breite Schultern und Brust fast weibliche Hände und der kleinste Fuß seltsam abstechen, ferner eine sehr hohe, freie Stirn, überaus lichte Augen, eine starke Adlernase und darunter Mund und Kinn eines Kindes, die weißeste Haut, die je ein Männergesicht entstellte, und der ganze Kopf voll Kinderlöckchen, aber grauen, und das Ganze von einem Strome von Milde und gutem Glauben überwallt, daß es schon einen Viertelschelm reizen müßte ihn zu betrügen und doch einem doppelten es fast unmöglich macht. Gar adlig sieht der Herr dabei aus, gnädig und lehnsherrlich, trotz seines grauen Landrocks, von dem er sich selten trennt, und er hat Mut für drei: ich habe ihn bei einem Spaziergange, wo man auf verbotene Wege geraten war, fast fünf Minuten lang einen wütenden Stier mit seinem Bambusrohr parieren sehen, bis alle sich hinter Wall und Graben gesichert hatten...

Gott segne ihn alle Stunden seines Lebens – ein Unglück kann ihn nur zur Läuterung treffen, verdient hat er es nie und nimmer – ich halte es für unmöglich, diesen Mann nicht lieb zu haben – seine Schwächen selbst sind liebenswürdig.

Die Königin des Hauses ist die Mutter im vollen Sinne des Wortes: eine kluge, rasche, tüchtige

Hausregentin, die dem Kühnsten wohl zu imponieren versteht und, was ihr zur Ehre gereicht, eine so warme, bis zur Begeisterung anerkennende Freundin des Mannes, der eigentlich keinen Willen hat als den ihrigen, daß alle Frauen, die Hosen tragen, sich wohl daran spiegeln möchten. – Es ist höchst angenehm, dieses Verhältnis zu beobachten; ohne Frage steht diese Frau geistig höher als ihr Mann, aber selten ist das Gemüt so vom Verstande hochgeachtet worden; sie verbirgt ihre Obergewalt nicht, wie schlaue Frauen wohl tun, sondern sie ehrt den Herrn wirklich aus Herzensgrunde, weiß jede klarere Seite seines Verstandes, jede festere seines Charakters mit dem Scharfsinn der Liebe aufzufassen und hält die Zügel nur, weil der Herr eben zu gut sei, um mit der schlimmen Welt auszukommen. Nie habe ich bemerkt, daß ein Mangel an Welterfahrung seinerseits sie verlegen gemacht hätte, dagegen strahlen ihre schwarzen Augen wie Sterne, wenn er seine guten Kenntnisse entwickelt, Latein wie Deutsch, und sich in alten Tröstern bewandert zeigt wie ein Cicerone. – Die gnädige Frau hat südliches Blut, sie ist heftig, ich habe sie sogar schon sehr heftig gesehen, wenn sie bösen Willen voraussetzt, aber sie faßt sich schnell und trägt nie nach. Sehr stattlich und vornehm sieht sie aus, muß sehr schön gewesen sein, und wäre dies vielleicht noch, wenn ihre bewegten Gefühle sie etwas mehr Embonpoint ansetzen ließen; so sieht sie aus wie ein edles arabisches Pferd; ihr neues Vaterland hat sie liebgewonnen und macht gern dessen Vorzüge geltend, nur mit der Art Überschätzung, die oft gescheiten Leuten von starker Phantasie eigen ist: so hat sie alle alten, mitunter verwunderlichen Gewohnheiten und Rechte des Hauses bestehen lassen und wacht über Ordnung und ein billiges Gleichgewicht. Bettler in dem Sinne wie anderwärts gibt es hier keine, aber arme Leute, alte oder schwache Personen, denen wöchentlich und öfter eine Kost so wie den Dienstboten gereicht wird; ich sehe sie täglich zu dreien oder mehreren auf der Stufe der steinernen Flurtreppe gelagert, ärmlich, aber ehrbar, und keinen vorübergehen, ohne sie zu grüßen. Die gnädige Frau tut mehr, sie geht hinunter und macht die schönste Konversation nett ihnen über Welthandel, Witterung, die ehrbare Verwandtschaft und wovon man sich sonst nachbarlich unterhält, darum gilt sie denn auch für eine brave, „gemeine" Frau, was so viel heißt als populär, und sie ist immer mit gutem Rat zur Hand, wo sie denn auch, wie billig, der Ausführung nachhilft. Fräulein Sophie – so nennt Annette von Droste-Hülshoff hier sich selbst – gleicht ihrem Bruder aufs Haar, ist aber mit ihren achtzehn Jahren bedeutend ausgebildeter und könnte interessant sein, wenn sie den Entschluß dazu faßte – ob ich sie hübsch nenne? Sie ist es zwanzigmal im Tage und ebenso oft wieder fast das Gegenteil; ihre schlanke, immer etwas gebückte Gestalt gleicht einer überschossenen Pflanze, die im Winde schwankt; ihre nicht regelmäßigen, aber scharf geschnittenen Züge haben allerdings etwas höchst Adliges und können sich, wenn sie meinen Erzählungen von blauen Wundern lauscht, bis zum Ausdruck einer Seherin steigern, aber das geht vorüber und dann bleibt nur etwas Gutmütiges und fast peinlich Sittsames zurück; einen eigenen Reiz und gelegentlichen Nichtreiz gibt ihr die Art ihres Teints, der für gewöhnlich bleich, bis zur Entfärbung der Lippen, ganz vergessen macht, daß man ein Mädchen vor sich hat – aber bei der kleinsten Erregung, geistiger sowie körperlicher, fliegt eine leichte Röte über ihr ganzes Gesicht, die unglaublich schnell kommt, geht und wiederkehrt wie das Aufzucken eines Nordlichtes über den Winterhimmel; dies ist vorzüglich der Fall, wenn sie singt, was jeden Nachmittag zur Ergötzung des Papas geschieht. Ich bin kein natürlicher Verehrer der Musik, sondern ein künstlicher – mein Geschmack ist, ich gestehe es, ein im Opernhause mühsam eingelernter, dennoch meine ich, das Fräulein singt schön – über ihre Stimme bin ich sicher, daß sie voll, biegsam, aber von geringem Umfange ist, da läßt sich ein Maßstab anlegen – aber dieses seltsame Modulieren, diese kleinen, nach der Schule verbotenen Vorschläge, dieser tief traurige Ton, der eher heiser als klar, eher matt als kräftig, schwerlich Gnade auswärts fände, können vielleicht nur für einen geborenen Laien wie mich den Eindruck von gewaltsam Bewegendem machen; die Stimme ist schwach, aber schwach wie fernes Gewitter, dessen verhaltene Kraft man fühlt – tief, zitternd, wie eine sterbende Löwin: es liegt etwas Außernatürliches in diesem Ton, sonderlich im Verhältnis zu dem zarten Körper."

Es war Sitte des westfälischen Adels, im Winter, besonders während der Karnevalszeit, vom Lande in die Stadt zu ziehen, um dort der Geselligkeit zu pflegen. Mehrere Glieder der Familie Droste lebten ständig in Münster. –

Der elterlichen Wohnung gegenüber lag die eines weit über Münster hinaus bekannten Mannes, des Regierungsrates Sprickmann, der in der damaligen deutschen Literatur einen angesehenen Namen und vielfache Verbindungen besaß. Mit diesem Manne, der einst dem Göttinger Dichterbunde angehört hatte und Freimaurer war, wurde das junge adlige katholische Fräulein von Droste-Hülshoff bekannt, gewiß ein Beweis dafür, daß die Eltern nicht in so großen Vorurteilen besangen waren, als oft gesagt wird. Obwohl Sprickmann im Jahre 1812 bereits 52 Jahre alt war und das junge Mädchen erst 15 Jahre zählte, wurde dieser Mann doch ihr erster Freund und literarischer Berater, mit dem Annette, nachdem Sprickmann 1814 an die Universität Breslau berufen wurde, einen jahrelangen ungehinderten Briefwechsel unterhielt.

Auch eine Frau von hervorragenden Eigenschaften des Geistes und des Herzens, den Jahren nach ihre Mutter, die Gattin des kommandierenden Generals des siebenten Armeekorps, Frau v. Tielmann, faßte eine große Zuneigung zu dem noch jungen Mädchen, vertraute ihm ihre eigenen Erlebnisse und Erfahrungen an und förderte dadurch Annettes Welt- und Menschenkenntnis.

Die großelterliche Familie war während der Napoleonischen Zeit unter die Herrschaft des westfälischen Königreichs gekommen, bildete aber nichtsdestoweniger einen Mittelpunkt für Aufrechterhaltung deutschen Wesens und vaterländischer Gesinnungen. In dem großen Kinder- und Freundeskreise der Haxthausens wurden ganz wie heute wieder bei uns, Fremdwörter bekämpft, Namen verdeutscht und eine deutsche Mode nach Zeichnungen von Ludwig Grimm angestrebt. – Bei dem Hange zu grübelnder Betrachtung, die schon Annettes Kindergedichte zeigen, war es kein Wunder, daß Deutschlands Erniedrigung und spätere Befreiung ihr leidenschaftliches Herz entflammte. – Anders als die meisten Dichter jener Zeit feierte sie denn auch die Befreiung Deutschlands, indem sie, trotz ihrer Begeisterung, darüber trauert, daß ihr Vaterland sich nicht selbst befreien konnte, sondern fremder Hilfe dazu bedurfte:

> O Germanien, meine Heimat schön!
> Sieh, der Tiger (Napoleon) flieht vom Raube,
> Und mich täuschte nicht mein Glaube:
> Der Allmächt'ge hat erhört mein Flehn,
> Und dies Auge hat dich frei gesehn!
> Doch verzeih der Träne, daß sie rinnt!
> Ist gleich frei der Arm von Ketten:
> O Germanien, du Heldenkind,
> Konntest selber dich nicht retten!

Dies Verweisen auf die eigene Hilfe ist eine für die Dichterin ganz bezeichnende Eigenschaft. In sich selbst verarbeitete sie jeden Eindruck, jede

Erfahrung, aus sich selbst nahm sie die Hilfe in jedem Zwiespalt ihres Lebens.

Annettes Schwester Jenny von Droste, die sich für Volkspoesie interessierte, unterhielt einen Briefwechsel mit Wilhelm Grimm, den sie in Bökendorf kennengelernt hatte, und dieser schrieb ihr einst, er habe von ihrer Schwester Annette geträumt, sie sei ganz in Purpurflammen gekleidet gewesen und habe sich die Haare ausgezogen und diese als Pfeile in die Luft geworfen! Ein Beweis, in welch feuriger Weise das junge Mädchen sich über die Lage Deutschlands geäußert haben mag. Wie lebhaft und stürmisch damals Annette in Wort und Tat war, davon wurde im Familienkreise manches Geschichtchen bewahrt und weiter erzählt. – So verkehrte bei den Großeltern der Professor der Architektur Heinrich Wolf, der durch das poetische und musikalische Talent des jungen Mädchens, besonders durch ihre Fertigkeit, jedes Klavierstück sogleich in eine andere Tonart zu übertragen, sehr angezogen wurde.

Er bat sie eines Tages zum Andenken um eine Locke. Ohne sich zu besinnen, ohne Rücksicht auf ihr Aussehen oder spätere Neckereien schnitt sich die junge Dichterin dicht am Scheitel eine ihrer blonden Locken ab und blieb dadurch zum Schrecken der Ihrigen eine Zeitlang entstellt. – Sehr oft wurde bezweifelt, ob ihr starker Haarwuchs wirklich auf eigenem Boden gewachsen sei. Einem solchen Mißtrauen gegenüber löste sie einst in einem Friseurladen mit schnellem Griff ihre Zöpfe und ließ den überraschten Mann den Mantel einer

Genoveva bewundern. – Wahrheit, auch in kleinen Dingen, war Lebensnotwendigkeit für sie. Annettes Neigung, Sitten und Gebräuche des Volkes zu beobachten und davon in launigen Erzählungen im Volksdialekt in drolligster Weise die Ihrigen zu unterhalten, fand in Bökendorf die größte Anregung und Förderung. So lange sie lebte, hörte sie eigentlich nie auf, Volkslieder, Wallfahrts- und Arbeitslieder zu sammeln und den alten Frauen in den ihr bekannten Dörfern den Hof zu machen, um solche Erinnerungen aus ihnen herauszulocken. Es ist leicht nachzuweisen, wie sehr dadurch ihr Wortschatz bereichert wurde und noch heute erscheinen manche ihrer Ausdrücke fremdartig, so daß viele Leser einer Worterklärung bedürfen.

Die Spuk- und Gespenstergeschichten, die damals noch im Volke Westfalens lebten, erfreuten sich immer ihrer besonderen Beachtung. Sie glaubte fest an die Wahrheit mancher geheimnisvollen Erscheinung, die, ohne daß man sie erklären kann, das alltägliche nüchterne Leben beeinflußt. Ebenso glaubte sie an die magnetische Gewalt, die eine willensstarke Persönlichkeit über eine andere ausüben kann, an das häufige Vorkommen des sogenannten zweiten Gesichtes. Das Gebiet alles dessen, was man Aberglauben nennt, blieb stets ein Gegenstand ihres eifrigen Nachdenkens und Studiums. So ging schon in ihrer Jugend eine Fülle von Anregungen von ihr aus, die jeden bereicherte, der ihr nahe trat, aber zugleich mußte sie auch die Erfahrung machen, wie notwendig ihrem Temperament ein Zügel war. Durch kecke

Entgegnungen, durch ihre Begabung und Neigung das Komische hervorzuheben verletzte sie zuweilen selbst ältere Personen – was sie dann bitter bereute, und was den Wunsch nach größerer Selbstbeherrschung in ihr weckte. Der Briefwechsel mit Sprickmann ist reich an solchen Bekenntnissen, berichtet aber zugleich von immer zunehmender Kränklichkeit, weshalb einmal eine Badereise nach Driburg mit der Großmutter unternommen wurde; auch erzählt sie darin von dem immer größeren Freundeskreise, der sich um sie bildete.

Sie schildert die Verhältnisse, in denen sie lebte, als durchaus angenehm und befriedigend, aber sie klagt trotzdem dem Freunde eine Unruhe und Sehnsucht, die sie wie eine Art Tollheit empfindet, eine Sehnsucht nach Orten, wo sie nicht sein, nach Dingen, die sie nicht haben kann. Es ist eine Unruhe, die sie beherrschen möchte, eine Sehnsucht, die ihr lächerlich erscheint, aber sie vermag diese Zustände weder zu überwinden, noch zu vertreiben.

Es ist die Zeit des Lebens, in der das Bewußtsein für die natürliche Bestimmung erwacht, in der die Wünsche des Herzens mit den Wirklichkeiten des Lebens in Widerstreit zu treten pflegen. Ein Zustand, der einerseits durch ihre starke Phantasie, andererseits wohl durch ihren klaren, fast nüchternen Wirklichkeitssinn verschärft wurde. – Es wird erzählt, daß Annette in dieser Lebensperiode die Neigung zu einem jungen Arzte bekämpfen mußte, den ihre Eltern nicht als ebenbürtigen Gatten ansahen, und daß sie später mit einem rheinischen Landmanne verlobt war, die Verlobung aber selbst wieder löste. Es ist unzweifelhaft, daß sie solche Erfahrungen gemacht hat und es zeugt von starker Kraft und Selbstbeherrschung, daß sie ihre leidenschaftlichen Gefühle in sich selbst verschloß, weil sie ihr zu heilig für das Wort waren.

Dem schon genannten Brief an Sprickmann liegt ein Gedicht, „Unruhe" betitelt, bei, das mit folgenden Worten schließt:

Fesseln will man uns am eignen Herde,
Unsre Sehnsucht nennt man Wahn und Traum,
Und das Herz, dies kleine Klümpchen Erde,
Hat doch für die ganze Schöpfung Raum!

Wenn diese Worte ein Bekenntnis enthalten, möchte man glauben, daß ihr auch einmal eine Ehe angeraten worden sei – vielleicht zur Bekämpfung der sie quälenden Unruhe – doch fehlt für solche Annahme jede Bestätigung. Sicher ist nur, daß sich Annette in jener Zeit lebhaft mit Gefühlen unglücklicher Liebe beschäftigte und sich davon durch ein – herzlich langweiliges Trauerspiel „Bertha", das Bruchstück geblieben ist, zu befreien suchte. Die Heldin ist eine unglücklich Liebende, in der unzweifelhafte Züge der Dichterin zu entdecken sind, weshalb beide leicht miteinander verwechselt werden. – In einem anderen Briefe an Sprickmann berichtet die junge Dichterin von einer neuen Arbeit, einem Gedicht in sechs Gesängen, „Walter" betitelt, dem – wie sie schreibt – eine wohlausgesonnene Rittergéschichte zugrunde liegt. In dieser Dichtung ist der Held ein unglücklich Liebender. Sie entschuldigt sich bei dem Freunde, ihm das fertige Werk noch nicht geschickt zu haben, weil sie an Kopfschmerzen leide, was äußerst nachteilig auf ihre Augen gewirkt habe. Die Reinschrift ist dann auch später von ihrer Schwester Jenny gemacht worden. „Walter" ist das erste größere Gedicht, das sie zu Ende führte. Sie widmete es ihrer Mutter und diese scheint sehr stolz darauf gewesen zu sein, denn sie las es zuweilen guten Bekannten vor, Menschen, von denen Annette im voraus wußte, daß sie viel Ungeschicktes darüber sagen würden. Sie schreibt darüber an ihren Freund: „Was das Lob anbelangt, so habe ich schon recht an mich halten müssen, um manche unbedeutende und eben passable Stelle nicht auszustreichen, die mir durch unpassendes Lob ganz und gar zuwider geworden ist. So kam z. B. ein gewisser Herr, dem mein Gedicht auch nicht durch mich zur Beurteilung vorgelegt worden war, immer darauf zurück: die schönste Stelle im ganzen Gedicht sei (2.Gesang, 3. Strophe, 3.Zeile) „es rauscht der Speer, es stampfte wild das Roß" und erst durch sein vieles Reden wurde mir offenbar, wie dieser Ausdruck so gewöhnlich und oft gebraucht und beinahe die schlechteste Stelle im ganzen Buch ist. Dieser Herr hörte auch gar nicht davon auf, sondern sagte während des Tages mehrmals wie in Entzückung verloren: Es rauscht der Speer, es stampfte wild das Roß, wozu er auch wohl leise mit dem Fuße stampfte. Ich mußte endlich aus dem Zimmer gehen. Wie ich vor einer Woche in Münster bin, begegnet mir der Unglücksvogel auf der Straße, hält mich sogleich an und sagt sehr freudig freundlich: Nun, Fräulein Nettchen, wie geht's? Was macht die Muse? Gibt sie Ihnen noch bisweilen so hübsche Sächelchen in die Gedanken, wie das Gedichtchen von neulich? Ja, das muß ich Ihnen sagen, das ist 'n niedlich Ding; was für 'ne Kraft bisweilen: Es rauscht der Speer usw. – Ich machte mich sobald als möglich los und lachte ganz unmäßig; ich hätte aber ebensogut weinen können. Sehen Sie, mein Freund, und so geht's mir oft!" Das genannte Gedicht erhielt niemals die letzte Feile, die Dichterin fand später, es sei im ganzen durchaus mißglückt und matt, im einzelnen aber nicht immer, und sie verteidigte mit Selbstbewußtsein solche Stellen, die sie als gelungen bezeichnete gegen anders Denkende. Die dritte Arbeit, von der berichtet wird, ist ein Romanbruchstück „Ledwina", das liegen blieb, weil Annette zufällig zu entdecken glaubte, daß sie auf einen Lieblingsstoff der Zeit verfallen sei, weshalb sie der begonnenen Arbeit überdrüssig wurde.

Wichtiger als alle diese Dichtungen sind ihre geistlichen Lieder, die zuerst auf der Großmutter Wunsch, zu deren Erbauung geschrieben wurden. Im Lauf der Jahre entstand aus diesen Liedern „das geistliche Jahr", darin jeder Sonntag im Jahre besungen wurde, ohne Rücksicht auf die Gefühle anderer als die eigenen. Diese Arbeit kann man wohl ihr Lebenswerk nennen, denn nach vielen, oft jahrelangen Unterbrechungen kehrte sie bis zum Ende ihres Lebens immer zu ihr zurück. Ihre ganze Entwicklung, ihre heißesten Kämpfe, alle Unruhe und Sehnsucht ihres Herzens spiegeln sich darin wieder. – Annette v. Droste ist lebenslang eine treue Katholikin gewesen und diese Lieder sind niemals von irgendeiner Seite angefochten worden, aber nichtsdestoweniger befreite sie doch darin ihre Seele von allem nur Überkommenen, erkämpfte sich ihre eigene Überzeugung, blickte jedem Zweifel bis zur völligen Verneinung kühn und scharf in das Antlitz, richtete ihre Kritik gegen Glauben und Unglauben, und baute sich ihren eigenen Tempel der Liebe, in dem allein sie Ruhe und Frieden zu finden vermochte.

„ist es der Glaube nur, dem du verheißt,
Dann bin ich tot!
Ich hab' ihn nicht. –
Ach, nimmst du statt des Glaubens nicht die Liebe,
So weiß ich nicht, wie mir noch Hoffnung bliebe!"

Trotz diesem innigen Versenken in ihre religiösen Gefühle wandte sich die junge Dichterin nicht von der irdischen Welt und zog sich nicht völlig in sich selbst zurück, wozu sie die größte Anlage hatte, die durch vielfache Erkrankungen vergrößert wurde.

Es folgen nun fünf Jahre, aus denen neue Dichtungen nicht bekannt geworden sind. Schwankende Gesundheit, die zu ernsten Sorgen Veranlassung bot – da Anlage zur Schwindsucht befürchtet wurde – Reisen, Besuche in der ausgebreiteten Verwandtschaft, zu Freunden, eifrige Pflege der

Musik, größere Geselligkeit als früher, Unterricht, den sie jungen Verwandten erteilte, nahmen sie in Anspruch und schienen ihr Leben völlig auszufüllen. Zwei Brüder ihrer Mutter lebten damals am Rhein: Moritz v. Harthausen, in Bonn, den man fast nur dem Namen nach kennen lernt und Werner v. Harthausen, als preußischer Regierungsrat in Köln. Dieser war ein vielseitiger, unruhig bewegter Geist, der von den Brüdern Boisserée und Fr. v. Schlegel angeregt, Studien altdeutscher Kunst betrieb. Über ihn schrieb Annette nach seinem Tode: „Gott, wenn ich bedenke, was dieser Mann alles vorgehabt, und dagegen halte, was er wirklich geleistet und erstrebt hat!

Er hatte sich gänzlich überlebt und schlich umher als eine klägliche Ruine glänzender Fähigkeiten und zahlloser, im Keime verdorrter Entwürfe!" – An der Hochschule in Bonn, als Professor der Rechtswissenschaft, lebte ferner ein Vetter, der Freiherr Clemens v. Droste, ein Mann von vielgerühmter Liebenswürdigkeit und umfassender Gelehrsamkeit. Bei diesem, in glücklicher Ehe lebenden Manne war Annette besonders gerne. Hier mußte sie sich oftmals Verzeihung durch ein Gedicht erkaufen, wenn sie das Mittagessen versäumte oder zu spät am Frühstückstisch erschien.

Als dieser Mann auf einer Reise nach Wien plötzlich starb, war sie auf das tiefste ergriffen. Wenn bei dem Hinscheiden ihres Onkels ihr Bedauern überwog für das, was er versprochen und nicht erreicht hatte, so gibt sie nun ihrem Schmerz über diesen unersetzlichen Verlust ergreifende

Worte. Das „Vergehen und so nicht Wiederkommen", darin bestand für sie die furchtbare Tragik dieses Lebens.

Clemens von Droste

An seinem Denkmal saß ich, das Getreibe
Des Lebens schwoll und wogt in den Alleen,
Ich aber mochte nur zum Himmel sehn,
Von dem ihr Silber goß die Mondenscheibe.
Und alle Schmerzenskeime fühlt' ich sprießen,
Im Herzen sich entfalten, Blatt um Blatt,
Und allen Segen fühlt' ich niederfließen
Um eines Christen heil'ge Schlummerstatt.
Da nahte durch die Gräser sich ein Rauschen,
Geflüster hallte an der Marmorwand,
Der mir so teure Name ward genannt,
Und leise Wechselrede hört' ich tauschen.
Es waren tiefe, ahnungsvolle Worte,
Und dennoch war es mir, als dürfe hier
Kein anderer an dem geweihten Orte,
Kein Wesen ihn betrauern neben mir.

Wer könnte unter diesen Gräbern wandeln,
Der ihn gekannt wie ich, so manches Jahr,
Der seine Kindheit sah, so frisch und klar,
Des Jünglings Glut, des Mannes kräftig Handeln?
Welch fremdes Aug' hat in den ernsten Lettern,
Dem strengen Wort des Herzens Schlag erkannt?
Die Blitze saht ihr, aber aus den Wettern
Saht ihr auch segnen eines Engels Hand?

Sie standen da wie vor Pantheons Hallen,
Wie unter Bannern, unter Lorbeerlaub;
Ich saß an einem Hügel, wo zu Staub

Der Menschenherzen freundlichstes zerfallen.
Sie redeten von den zersprengten Kreisen,
Die all er wie ein mächt'ger Reif geeint;
Ich dachte an die Witwen und die Waisen,
Die seinem dunklen Sarge nachgeweint.

Sie redeten von seines Geistes Walten,
Von seinem starken ungebeugten Sinn,
Und wie er nun der Wissenschaft dahin,
Der Mann, an dem sich mancher Arm gehalten;
Ich hörte ihres Lobes Wogen schießen,
Es waren Worte wohlgemeint und wahr,
Doch meine Tränen fühlt' ich heißer fließen,
Als ob man ihn verkenne ganz und gar.

Und endlich hört' ich ihre Stimmen schwinden,
Ihr letztes Wort war eine Klage noch:
Daß nicht so leicht ein gleiches Wissen doch,
Daß selten nur ein gleicher Geist zu finden.
Ich aber, beugend in des Denkmals Schatten,
Hab' seines Grabes feuchten Halm geküßt:
„Wo gibt es einen Vater, einen Gatten
Und einen Freund, wie du gewesen bist!"

In Bonn lernte Annette eine höchst merkwürdige Frau, Sibylle Mertens-Schaffhausen, kennen, eine an Glücksgütern wie an gelehrten Kenntnissen reiche Dame, die im Besitz ausgezeichneter Kunstsammlungen und eines Gatten war, der durch seine Wunderlichkeiten noch die merkwürdigsten Stücke ihrer Sammlungen übertroffen haben soll. Die Gatten lebten, wie Annette einmal schrieb, „in einer wahren Höllenehe", in der die Schuld auf beiden Seiten gleich groß war und sie setzt hinzu: „Das Unglück ist dem Menschen gewöhnlich fester angewachsen, als er sich selber zugeben will!" – Diese Frau schloß sich innig an die Dichterin an, mit der sie die Sammelleidenschaft und das musikalische Talent teilte. Durch sie kam Annette auch in Beziehungen zu einer literarischen Persönlichkeit – zu Johanna Schopenhauer, der Mutter des Philosophen, die damals mit ihrer Tochter Adele am Rhein lebte. Letztere wurde ihr bald eine werte Freundin, deren Urteil – das sich in dem Weimarer Dichterkreis um Goethe gebildet hatte – sie später sehr schätzte.

Ihr großes schöpferisches Talent für Musik, das der Dichterin oft und schnell neue Freunde erwarb, behandelte sie wie das für Poesie, indem sie beides ruhen ließ, wenn nicht eine besondere Aufforderung sie zur Ausübung zwang. Meist ließ sie ihre musikalischen Gedanken in fessellosen Phantasien, in großartigen Improvisationen verklingen. Doch geht aus ihren Briefen hervor, daß sie für eine vaterländische Oper „Die Wiedertäufer" bereits verschiedene Kompositionen aufgezeichnet hatte und beabsichtigte dazu einen Text zu schreiben. Das einzige, was von ihren Kompositionen zur Veröffentlichung gelangte, sind Weisen zu 24 Liedern, die nach ihrem Tode – zum Teil aus dem Gedächtnis – von ihrer Schwester aufgezeichnet und von Professor Schlüter in Münster herausgegeben wurden.

Im Februar 1826 kehrte Annette von ihrem Aufenthalte am Rhein erfrischt und sehr glücklich darüber zurück, alle die Ihrigen so viel wohler zu finden, als sie nach den Berichten erwartet hatte.

Doch wenige Monate später traf sie der härteste Schlag ihres Lebens, sie verlor nach kurzem Krankenlager den heiß geliebten Vater und noch kaum erholt von diesem Schlage ihren Lieblingsbruder Ferdinand, den sie selbst noch mit pflegen durfte. Sie wurde von neuem auf das Krankenlager geworfen und verfiel in tiefe Schwermut. Etwas von dem, was sie fühlte, ließ sie viele Jahre später in dem schönen Liede: „Die Unbesungenen" ausströmen.

In jenen Jahren stand sie völlig unter dem Eindruck der Vergänglichkeit alles Irdischen. Eine Unsicherheit war dadurch in ihr geweckt, die sie nicht mehr verlor, darin die Sorglosigkeit der Jugend verschwand. Dem späteren Leben war es vorbehalten, sie mit Wechsel und Tod, als den großen Erneuerern des Lebens, auszusöhnen.

Der älteste, seit kurzem verheiratete Bruder wurde Erbe und Nachfolger des Vaters aus dem Hülshoffe und sein kinderreiches Haus vereinigte später oftmals sämtliche Familienglieder. Annette besonders ist oft als gern gesehener Gast, als märchenerzählende Tante, als pflegende, tröstende, erheiternde Schwester dort eingekehrt.

Die Mutter bezog indes mit ihren beiden Töchtern eine kleine Besitzung – Rüschhaus, eine Meile von Hülshoff, eine Stunde von Münster gelegen. – Durch eine bescheidene Leibrente war die Unabhängigkeit Annettes auch von der Mutter gesichert, doch hat diese Unabhängigkeit nie etwas in ihrem Verhalten zur Mutter geändert. Wünsche und Wohl der Mutter blieben für die

Tochter lebenslang bestimmend. Innerlich wurde sie frei von allen Einflüssen ihrer Erziehung, von allen Vorurteilen ihrer Umgebung, äußerlich fügte sie sich stets bereitwillig in die Anordnungen ihrer Mutter. Von ihrem kleinen Einkommen blieb für sie selbst nie viel übrig, sie hatte stets genügend Schützlinge, deren Wohlergehen ihr wichtiger war, als die eigenen kleinen Notwendigkeiten des Lebens.

Rüschhaus glich keinem Edelsitz, sondern war ein echtes westfälisches Bauernhaus, nur mit dem Unterschied, daß es aus Stein gebaut war und mitten in einem großen verwilderten Garten lag. Eine mittelalterliche Zugbrücke führte über breite Gräben, in denen zwar Schilf und Blumen wuchsen, aber kein Wasser mehr vorhanden war. Gras und Unkraut bedeckten die Wege, wilde Rosen und wilder Wein die Mauern, alte bemooste Steinbilder standen herum und blickten stumm einander an. Als Eingang zum Hause diente eine hohe Steintreppe, die zugleich den Balkon eines Gartensaales bildete. Dieser Gartensaal mit seinem dunklen Eichengetäfel, einem Rokokokamin beherbergte die Glasschränke, in denen Annette ihre Seltenheiten, Steine, Muscheln, Gemmen usw. bewahrte, und ersetzte zu gleicher Zeit die Hauskapelle, denn hinter einer braunen Doppeltüre lag der Altar, an dem täglich die Messe gelesen wurde. Dadurch herrschte in diesem Saale stets ein feiner Weihrauchduft, der bei feinfühligen Besuchern eine Art von Kirchenstimmung hervorrief. Auf der Westseite des Hauses lagen die Wohnzimmer der Schwestern, hier wohnte auch später Annettes alte Amme, die von ihr nicht wie eine Untergebene, sondern wie eine liebe Familienangehörige bis zu ihrem Tode gepflegt wurde. Die Einrichtung der Dichterin war die denkbar einfachste. Ein altes großes, schwarzbezogenes Sofa, ein kleines altes Klavier mit leise schwirrendem Harfenton, ein monumentaler Kachelofen, auf dem im Sommer – da die Fenster stets offen standen – sich die Schwalben anbauten, durch den im Winter die Flammen aufblitzten, und ein wackliger unpolierter Tisch, dessen mächtige Schieblade ihre seltensten Sammlungen enthielt – das bildete die Häuslichkeit der Dichterin; hier wurzelte ihr Heimatgefühl. Auf dem Tische stand zwischen Feldblumen, die Annette meist heimbrachte, auch ein kleines angebrochenes Tintenfaß; Gänsekiele lagen irgendwo, zwischen Papierschnitzeln, alten Kuverts, Rechnungen, auf denen gelegentlich ein oder der andere Gedanke oder ein Lied in ihrer zierlichen, sauberen Handschrift gekritzelt war. Wenn Annette sich einmal den Luxus eines neuen Papierbogens gestattete, so schien ihr sein Raum groß wie das Weltmeer, sie betrachtete ihn dann mit einer gewissen zärtlichen Teilnahme und, indem sie ihr eigentümliches, sehr kurzsichtiges, in nächster Nähe aber überaus scharf blickendes Auge darauf heftete, erblickte sie allerlei Striche, Erhöhungen, Vertiefungen auf der weißen Fläche, aus denen ihre Phantasie dann eine Fülle bunter Bilder und Gestalten herauslas. Ihr Auge war so eigentümlich gebildet, daß sie aus eine Entfernung von fünf oder sechs Schritten die Gesichtszüge der Anwesenden nicht mehr erkennen konnte, dagegen aber in dem Glase Wasser, das sie ihrem Auge nahe brachte, die Infusorien zu erkennen vermochte. – In diesem Zimmer kauerte oder saß die Dichterin mit heraufgezogenen Füßen auf ihrem Sofa und sah den Strahlen der untergehenden Sonne durch die Farben eines Glasgemäldes nach, lauschte ihren Phantasien und spann sich tiefer und immer tiefer in ihre Gedankenwelt ein. Denn nichts unterbrach sie darin. Um den ganzen kleinen Edelhof herrschte tiefste Ruhe und Stille, in der man völlig vergaß, daß es draußen, jenseits der Wallhecken und Baumgruppen, die den Blick begrenzten, noch eine andere Welt voll von Lärm und Aufregung gab. Das Wiehern eines Pferdes, das im Viergespann den Pflug durch die Schollen des schweren, lehmigen Bodens zog, – das Schnattern der Enten, das Gackern eines Huhnes,...das waren die einzigen Laute, die diese Stille unterbrechen.

Dies beschauliche Stilleben mußte im Jahre 1828 auf ausdrücklichen Wunsch des Arztes unterbrochen werden. Mutter und Töchter siedelten nach Münster über, um einem Arzte näher zu sein. Dieser berichtet, Annette habe Blut gehustet und sei in einem schwindsuchtartigen Zustand zu ihm gekommen. Auch noch im nächsten Jahre schrieb Jenny an Wilhelm Grimm von ihrer beständigen Sorge um die Schwester. Wenn die Gefahr auch zunächst vorüber ging, so kehrten doch ähnliche

Zustände immer wieder und schwächten den bereits zarten Körper.

Im Herbst 1830 erst schien sie sich wohler zu fühlen. Sie ging nach Bonn und trat dort in lebhaften Verkehr mit der Familie Mertens. Trotzdem sie fortwährend mit dem Wunsche kämpfte, den Freunden zu entschlüpfen und nach Rüschhaus zu den Ihrigen zurückzukehren, ließ sie sich doch immer wieder halten. – Die häufig leidende Frau Mertens verletzte sich in dieser Zeit durch einen Stoß am Kopf und geriet dadurch in einen lebensgefährlichen Zustand. Die selbst leidende Dichterin entschloß sich Anfang Februar mit ihr nach dem benachbarten Plittersdorf, dem schönen Landsitz jener Dame zu ziehen, um sie zu pflegen. Sechs Wochen weilte sie dort, meist im Zimmer, am Bett der Kranken. Als Frau Mertens dann endlich genas, wurden Pläne für eine gemeinschaftliche Reise in die Schweiz gemacht. Annette wünschte wohl, den Schauplatz eines Gedichtes kennenzulernen, mit dessen Plan sie sich seit einiger Zeit beschäftigte, doch kam die Reise nicht zur Ausführung, wohl aber führten die Erinnerungen die Dichterin noch oft an das Krankenbett der Freundin zurück und fanden Ausdruck in der folgenden, tief empfundenen Dichtung.

Nach 15 Jahren

Wie hab' ich doch so manche Sommernacht,
Du düstrer Saal, in deinem Raum verwacht!
Und du, Balkon, auf dich bin ich getreten,
Um leise für ein teures Haupt zu beten,

Wenn hinter mir aus des Gemaches Tiefen
Wie Hilfewimmern bange Seufzer riefen,
Die Odemzüge aus geliebtem Mund;
Ja, bitter weint' ich – o Erinnerung!
Doch trug ich mutig es, denn ich war jung,
War jung noch und gesund.

Du Bett mit seidnem Fransenhang geziert,
Wie hab' ich deine Falten oft berührt,
Mit leiser, leiser Hand gehemmt ihr Rauschen,
Wenn ich mich beugte, durch den Spalt zu lauschen,
Mein Haupt so müde, daß es schwamm wie trunken,
So matt mein Knie, daß es zum Grund gesunken!
Mechanisch löste ich der Zöpfe Bund
Und sucht' im frischen Trunk Erleichterung;
Ach, alles trägt man leicht, ist man nur jung,
Nur jung noch und gesund!

Und als die Rose, die am Stock erblich,
Sich wieder auf die kranke Wange schlich,
Wie hab' ich an dem Pfeilertische drüben
Dem Töchterchen geringelt seine lieben
Goldbraunen Löckchen! wie ich mich beflissen,
Eh ich es führte an der Mutter Kissen!
Und gute Sitte flüstert' ich ihm ein,
Gelobte ihm die Fabel von dem Schaf
Und sieben Zicklein, wenn es wolle brav,
Recht brav und sittig sein.

Und dort die Hütte in der Tannenschlucht,
Da naschten sie und ich der Rebe Frucht,
Da fühlten wir das Blut so keimend treiben,
Als müss' es immer frisch und schäumend bleiben;
Des Überstandnen lachten wir im Hafen:

Wie ich geschwankt, wie stehend ich geschlafen;
Und wandelten am Rasenstreifen fort,
Und musterten der Stämmchen schlanke Reihn,
Und schwärmten, wie es müsse reizend sein
Nach fünfzehn Jahren dort!

O fünfzehn Jahre, lange öde Zeit!
Wie sind die Bäume jetzt so starr und breit!
Der Hütte Tür vermocht' ich kaum zu regen,
Da schoß mir Staub und wüst Geröll entgegen;
Und an dem blanken Gartensaale drüben,
Da steht 'ne schlanke Maid mit ihrem Lieben,
Die schaun sich lächelnd in der Seele Grund,
In ihren braunen Locken rollt der Wind;
Gott segne dich, du bist geliebt, mein Kind,
Bist fröhlich und gesund!

Sie aber, die vor Lustren dich gebar,
Wie du so schön, so frisch und jugendklar,
Sie steht mit einer an des Parkes Ende
Und drückt zum Scheiden ihr die bleichen Hände,
Mit einer, wie du nimmer möchtest denken,
So könne deiner Jugend Flut sich senken;
Sie schaun sich an, du nennst vielleicht es kalt,
Zwei starre Stämme, aber sonder Wank
Und sonder Tränenquell – denn sie sind krank,
Ach, beide krank und alt!

Erst im Oktober 1831 kehrte Annette nach Rüschhaus zu den Ihrigen zurück, anscheinend gekräftigt und durch neue Eindrücke und wertvolle Bekanntschaften bereichert, doch nahm sie sofort die frühere Lebensweise wieder auf. In unschöne Gewänder gehüllt, mit fliegenden Locken strich sie in der Heide herum, in ihren kleinen Händen einen schweren Hammer, um die gefundenen Petrefakten zu zerschlagen und zu untersuchen, Zeit und Ort über ihren Streifereien vergessend. Abends erzählte sie den kleinen flachsköpfigen Buben und Mädchen, die in Holzschuhen unter ihr Fenster kamen und riefen: „Fröken, Fröken, vertellen" ihre wunderschönsten Märchen, Spuk- und Gespenstergeschichten, wodurch sie sich in diesen Kinderherzen eine bleibende Erinnerung schuf. Sie las viel, alles was die Zeit brachte, naturwissenschaftliche, geschichtliche, philosophische Werke. In ihrer Jugend war im Familienkreis Walter Scott bevorzugt worden. Für Thomas Moore und Byron bezeigte sie später eine große Vorliebe, sie kannte die Klassiker, die zeitgenössischen Romantiker, später die Dichter des jungen Deutschland, aber sie ging durchaus in ihren Dichtungen ihren eigenen Weg, fremder Einfluß hat nur vorübergehend ihr dichterisches Schaffen beeinflußt.

Seit dem Jahre 1829 arbeitete Annette an einem Gedicht: „Das Hospiz auf dem großen St. Bernhard". Ein Bruder ihrer Freundin v. Thielmann war Salinendirektor in Bex am Rhone, am Fuß des St. Bernhard. Eine Tochter dieser Freundin hatte den Onkel besucht und dort vielerlei von den klugen Bernhardiner Hunden gehört und zurückgekehrt davon erzählt. Wahrscheinlich schöpfte Annette aus diesen Erzählungen ihren Stoff. Der Inhalt ist folgender: „Ein hochbetagter Gemsjäger macht sich mit einem verwaisten Enkelkind Harry auf den Weg zu seiner zweiten, in

St. Remy verheirateten Tochter. Er wird von der Nacht in der Felsschlucht überrascht und flüchtet in ein Leichenhaus am Wege. Der Schauder treibt ihn wieder hinaus, er verirrt sich in der Schneesturmnacht und fällt erschöpft in tiefen Schlaf. Durch die Klugheit eines wachsamen Bernhardiner Hundes, der das Kind findet und es auf seinem Rücken ins Hospiz der Mönche trägt, wird das Kind gerettet. Die Mönche machen sich nun auf, um dasjenige Wesen zu finden, das das Kind in die Berge trug, aber sie kommen zu spät, der Alte ist bereits tot. Damit schließt der zweite Gesang des Gedichtes. Nach Annettes Tod fand sich ein dritter Gesang vor, der viele poetisch schöne Schilderungen enthielt, in dem der Alte vom Scheintod erwacht ist und ebenfalls gerettet wird.

Annette hatte sich fünf Jahre mit dieser Dichtung beschäftigt, inzwischen Professor Schlüter in Münster kennen gelernt, dessen Familie dort in großem Ansehen stand. Der Vater dieses Mannes war ein ausgezeichneter Jurist, die Mutter von einer Güte, die ihr schon bei der ersten Begegnung alle Herzen gewann, die Tochter Thereschen ihr Ebenbild. Professor Schlüter war schon in der Jugend von schwerem Augenleiden heimgesucht und stand in Gefahr, völlig zu erblinden. Er besaß einen reichen Schatz philosophischer und literarischer Kenntnisse und ein ganz vorzügliches Gedächtnis, so daß ihm seine Kenntnisse stets gegenwärtig waren. Alle, die je diesem vortrefflichen Manne nahetraten, bezeugten die Milde und Wärme seines Wesens, seine nie zu trübende Geistesfrische. Mit diesem Manne trat Annette 1834 in persönliche Beziehung, die sich allmählich zu einer, beide beglückenden Freundschaft verwandelte. Schlüter hatte außer der gründlichen, philosophischen Bildung eine umfassende literarische Kenntnis vor Annette voraus, diese überragte ihn an geistiger Bedeutung, an Geschmack und kritischem Urteil, an Welt- und Menschenkenntnis. Da beide nicht an dem gleichen Orte lebten, entstand ein sehr reichhaltiger und anmutiger Briefwechsel, wie er selten aus deutschen Federn geflossen und noch seltener der Öffentlichkeit übergeben worden ist. Dieser Briefwechsel setzt ein, nachdem Annettes erster Freund und Berater Sprickmann gestorben ist und hat bis zum Tode der Dichterin gewährt. Schlüters Freundestreue verdankt Annette die erste Ausgabe ihrer Dichtungen, wie die Herausgabe dieser Briefe, die Einblick in den Reichtum ihres Geistes und Charakters gewähren, aus denen der köstliche Humor hervorgeht, mit dem sie alle Unvollkommenheiten ihres Erdenlebens ertrug. – Schlüter berichtet über den „St. Bernhard": „Es sei unter den Freunden Annettes viel über den Schluß des Gedichtes verhandelt worden und auch er sei, – als der ‚St. Bernhard' gedruckt werden sollte, für Aufnahme des bereits fertigen dritten Gesanges gewesen, aber die Dichterin habe ihn zurückgehalten, weil sie sich den Vorwurf der Unwahrscheinlichkeit gemacht habe; ihr Bestreben ging immer darauf aus, dem Wirklichen poetische Gestalt zu geben." Sie schreibt einmal an Schlüter: „Ich kann nur etwas leisten im Naturgetreuen, durch Poesie veredelt!" Vielleicht erreicht sie darum ihre Meisterschaft, wenn sie das geheimnisvolle Grauen der Heide, des Moores oder des Wasserspiegels schildert. Der „St. Bernhard" bezeichnet zweifellos einen neuen Abschnitt in ihrem Schaffen. Mit dem „Walter" verglichen ist ihr Stil knapper und anschaulichen geworden und hat alles abgestreift was an Sentimentalität, an die Zeit der Romantik erinnert.

Fast unmittelbar nach dem „St. Bernhard" begann die Dichterin ein zweites größeres Gedicht: „Des Arztes Vermächtnis" und zwar fing sie mit der Niederschrift dieses Gedichtes aus derselben Seite an, wo sie den „St. Bernhard" beendet hatte. Sie schrieb diese Dichtung in fünffüßigen Jamben, während sie für den „St. Bernhard" die vierfüßigen gewählt hatte. Den Inhalt erzählt Annette selbst in ihren Auszeichnungen folgendermaßen: „Der Eingang führt uns den Sohn des Arztes vor, wie er die hinterlassene Handschrift seines vorzüglich in der letzten Lebenszeit von fixen Ideen gequälten Vaters öffnet. Die Handschrift enthält die Begebenheit, welche dem ohnehin überspannten Kopfe des Vaters den eigentlichen Stoß gegeben hat; Obgleich die Darstellung deshalb wenigstens nicht durchgehend klar sein darf, so ist die Sonderung des Wahren vom Eingebildeten doch sehr leicht. Der Stoff ist gewöhnlich, aber wie ich hoffe, vermöge der Darstellung nicht ohne Interesse. Man hat den Arzt vor vielen Jahren zur Nachtzeit mit verbundenen Augen und durch seltsame

Wege zu einem todwunden Manne geführt. In demselben Raume findet er eine schöne stolze Frau, die er drei Jahre früher zu Wien in der vornehmsten Gesellschaft als Braut des einen und zugleich als die Geliebte eines anderen gesehen hat. Er erkennt den Ort zugleich als den Schlupfwinkel einer gesetzlosen Bande und schließt aus der Offenheit, mit der man ihm dies vor Augen kommen läßt, dass man ihn nicht lebend zu entlassen denkt. Seine Todesangst ist fast unmännlich; er gibt dem Kranken Naphtha, um einen Anschein der Besserung zu bewirken, und benutzt dann den Augenblick, wo er der Aufsicht eines jungen Mannes überlassen ist, der ihm Zutrauen einflößt, diesen zu bewegen, ihn zu retten. Von seinem Retter im Walde verlassen, verirrt er sich und muß im Walde übernachten. Eine Art Starrsucht oder magnetischen Schlafes überfällt ihn hier und er glaubt, ohne die Kraft sich regen oder die Augen öffnen zu können, Zeuge furchtbarer Begebenheiten zu sein. Der nächste Morgen zeigt mancherlei Spuren des Geschehenen, zwar so, daß man jede auch anders auslegen könnte; doch bleibt dem Leser die Überzeugung der Wirklichkeit des Erlebten. Beim Arzte haben Todesangst, Grausen, innere Vorwürfe, Erkältung, die unglückliche Anlage seines Gehirns entwickelt. Doch scheint er späterhin geheilt zu sein, nur wird er eine Reihe von Jahren durch eine stets heiße Stelle am Kopfe an sein Übel erinnert, bis zuletzt das Alter alle Leiden verdoppelt zurückführt. Seine fixe Idee besteht bis zuletzt darin, daß ihm jede Nacht sein damaliger Retter in geisterhafter Gestalt erscheint und ihm die Hand auf den Kopf legt, wovon dieser so brennt."

Dieser Stoff zeigt die Neigung Annettes, sich in psychische Zustände zu versenken, sie zu entwirren, zu erklären, eine Neigung, der sie lebenslang mit Leidenschaft gefrönt hat. Entgegen ihrer bisherigen beschaulichen Arbeitsweise vollendete sie diese Dichtung in kurzen sechs Sommermonaten. Adele Schopenhauer, der sie die Dichtung sandte und sie um ihr Urteil bat, sprach sich in einem noch vorhandenen Briefe sehr ergriffen, besonders über die Todesszene, aus: „Ich möchte sie nicht geschrieben haben, um all der Gedanken und Gefühle, aller der Geistesfoltern wegen, die sie voraussetzt, aber ich stehe dennoch tief ergriffen und bewundernd vor Ihnen. Man denkt: das Leben und vergißt das Gedicht! Sie haben in sich ein beneidenswertes Glück, das eines in sich schaffenden, strebenden Talentes und es wird Sie über manche Qual hinwegtragen, denn es hebt Sie aus sich selbst heraus."

Adele Schopenhauer hatte recht, die Zeugungskraft, die sich bisher in ihr als stürmische Unruhe gezeigt, sie in phantastischen Bildern geängstigt hatte, trat ans Licht und in ihr eigenes Bewußtsein.

> So hört denn, hört, weil ihr gefragt:
> Bei der Geburt bin ich geladen!
>
> Jetzt ruft die Stunde: „Tritt hervor,
> Mann oder Weib, lebendige Seele!"

> So rief die Zeit, – so ward mein Amt
> Von Gottes Gnaden mir gegeben!

Das waren die Gedanken, die sie erwägen ließen, ob sie mit ihren Dichtungen an die Öffentlichkeit treten sollte. Doch bevor der Gedanke zur Ausführung kam, trat eine große Veränderung in dem Leben von Rüschhaus ein. Jenny hatte bereits 1831 auf einer Reise in die Schweiz den gelehrten Freund Ludwig Uhlands und der Brüder Grimm, den Germanisten Freiherrn v. Laßberg in Eppishausen kennen und lieben gelernt. Doch die beiderseitige Zuneigung fand nicht der Mutter Einwilligung zur Heirat. Frau v. Droste erschien der Altersunterschied zwischen den Liebenden zu groß. Jenny war 36 Jahr alt, Herr v. Laßberg bereits 61, seit 18 Jahren Witwer und Vater von vier Söhnen. Die standhafte Treue der Liebenden überwand jedoch schließlich den Einspruch der Mutter, und am 18.Oktober 1834 führte Laßberg seine Braut an den Altar und wenig später auf seine Burg nach Eppishausen. Die Trennung wurde beiden Schwestern gleich schwer, doch verlor Annette mehr als Jenny, die einem geliebten Gatten folgte. Die Einsamkeit in Rüschhaus drohte erdrückend zu werden! Doch gerade damals knüpften sich aus der Vergangenheit Fäden an die Gegenwart, und gaben dieser neuen Inhalt und ein neues Interesse. Durch Sprickmann hatte Annette einst Katharine Schücking geb. Busch kennengelernt. Diese war als westfälische Dichterin hervorgetreten und hatte dem jungen Mädchen so große

Ehrfurcht eingeflößt, daß es sich ihr nur scheu und schüchtern zu nähern wagte.

Katharina Schücking

Du hast es nie geahnet, nie gewußt,
Wie groß mein Lieben ist zu dir gewesen,
Nie hat dein klares Aug' in meiner Brust
Die scheu verhüllte Runenschrift gelesen;
Wenn du mir freundlich reichtest deine Hand,
Und wir zusammen durch die Grüne wallten,
Nicht wußtest du, daß wie ein Götterpfand
Ich, wie ein köstlich Kleinod sie gehalten.

Du sahst mich nicht, als ich, ein heftig Kind,
Vom ersten Kuß der jungen Muse trunken,
Im Garten kniete, wo die Quelle rinnt,
Und weinend in die Gräser bin gesunken;
Als zitternd ich gedreht der Türe Schloß,
Da ich zum erstenmal dich sollte schauen,
Westfalens Dichterin! und wie da floß
Durch mein bewegtes Herz ein selig Grauen.

Sehr jung war ich und sehr an Liebe reich,
Begeisterung der Hauch, von dem ich lebte;
Ach! Manches ist zerstäubt, der Asche gleich,
Was einst als Flamme durch die Adern bebte.
Mein Blick war klar und mein Erkennen stark
Von seinem Throne mußte manches steigen;
Und was ich einst genannt des Lebens Mark,
Das fühlt' ich jetzt mit frischem Stolz mein eigen.

Diese Frau hatte ihren ältesten 15jährigen Sohn Levin auf das Gymnasium nach Münster geschickt und ihm einen Empfehlungsbrief an die Freundin in Rüschhaus mitgegeben. Im Frühjahr 1830 war der Jüngling von seinem Mentor, einem kunstsinnigen Vikar begleitet, nach dem kleinen Edelsitz Rüschhaus hinausgewandert, hatte die Damen daheim gefunden und seinen Empfehlungsbrief abgegeben. Schücking schildert selber diesen ersten Besuch. „Die jüngere, eine kleine zart und leidend aussehende Dame mit merkwürdigen blauen Augen, in einfachstem hellen Hauskleide, nahm mit gehaltener Freundlichkeit den Brief entgegen und heftete dann ihre großen redenden Blicke eine stumme Pause aus den etwas blöde vor ihr stehenden Gymnasiasten. Sie schien dann die Verpflichtung zu fühlen, etwas für die Unterhaltung des jungen Menschen tun zu müssen und zeigte ihm eine höchst kunstreiche Arbeit, die sie kürzlich gemacht hatte. Es war eine aus weißem Papier ausgeschnittene Landschaft mit Felsen, Palmenbäumchen, Tierchen und Menschlein in einem Rahmen zusammengesetzt, ein merkwürdiges Werk, das dem Jüngling wegen der daran verwendeten Geduld und Geschicklichkeit außerordentlich bewunderungswürdig erschien. Dann zeigte sie ihre in Glasschränken aufbewahrte Naturaliensammlung, endlich einige Kunstsachen, denen auch der Vikar seine lebhafte Teilnahme zuwendete. Während dieser sich mit dem Fräulein unterhielt, hatte der Jüngling Muße, das gnädige Fräulein, dem alle diese Schätze angehörten, näher zu betrachten. Ihr Äußeres machte einen eigentümlichen Eindruck. Die wie ganz durchgeistigte, leicht dahinschwebende, bis zur Unkörperlichkeit zarte Gestalt war fast wie ein Gebilde aus einem Märchen. Die auffallend breite, hohe und ausgebildete Stirn war umgeben von einer ungewöhnlich reichen Fülle hellblonden Haares, das zu einer hohen Krone aufgewunden, aus dem Scheitel befestigt war. Die Nase war lang, fein und scharf geschnitten; auffallend schön war der zierliche kleine Mund mit den beim Sprechen von Anmut umlagerten Lippen und seinen Perlzähnen. Der Kopf war zumeist etwas vorgebeugt, als ob es der zarten Gestalt schwer werde, ihn zu tragen oder wegen der Gewohnheit, das kurzsichtige Auge ganz dicht auf die Gegenstände zu heften. Zuweilen aber hob sie den Kopf und betrachtete ganz aufrecht den vor ihr Stehenden. Sie machte dann eine humoristische Bemerkung oder einen Scherz, und wenn sie dabei neckte, lag auf ihrem Gesichte etwas von einem vergnügten Selbstbewußtsein, von einem harmlosen Übermut, der aus dem ganz außergewöhnlich großen, trotz seiner Gutmütigkeit so scharf blickenden hellblauen Auge leuchtete. Dies Auge war jedenfalls der merkwürdigste Teil ihres Gesichtes, es war vorliegend, der Augapfel fast konisch gebildet, man sah die Pupille durch das feine Lid schimmern, wenn sie es schloß."

Der Jüngling, der uns diese getreue Schilderung ihres Äußeren gegeben hat, Levin Schücking, kehrte damals nur ein oder zweimal nach Rüschhaus zurück, bis der erste große Schmerz in sein Leben trat und ihn eine Botschaft dahin berief. Er fand die mächtigen durchdringenden Seelenlichter des Fräuleins, bei denen man an das Antlitz einer Sibylle denken mußte, in Tränen. Sie streckte ihm die Hand entgegen und sagte: „Denken Sie sich, ich machte mir Vorwürfe, den Brief Ihrer Mutter so lange unbeantwortet gelassen zu haben. Gestern wollte ich ihr einen recht ausführlichen Brief schreiben, da fällt mein Blick auf eine mehrere Tage alte Zeitung, die ich als Unterlage zum Schreiben genommen hatte. Ich erblicke den Namen Ihrer Mutter darin und als ich näher zusehe, ist es – die Anzeige ihres Todes!" Sie war sehr erschüttert und forderte den Jüngling auf, öfter an freien Schulnachmittagen zu ihr herauszukommen. Später sagte sie, sie habe das Gefühl, die Verstorbene habe ihr als ein Vermächtnis einen Teil der Sorge für den verwaisten Sohn hinterlassen, sie habe fortan die Verpflichtung, sich um sein Wohl und Wehe zu bekümmern.

Das war der Anfang einer Freundschaft, durch die sich die schönsten Blüten ihrer Muse – die sie vielleicht sonst mit ins Grab genommen hatte, – an das Licht wagten. Fortan kam der Jüngling öfter; Annette v. Droste las ihm sogar Teile ihrer entstehenden Dichtung des „St. Bernhard" vor und weckte dadurch vielleicht seinen späteren Wunsch, sich ganz der Schriftstellerei zu widmen, bis ihn die Notwendigkeit, sein Abitur im Hannoverschen zu machen, nach Osnabrück verschlug und ihn für sieben Jahre ihren Blicken entzog.

Bei der Vermählung der Schwester (Oktober 1834) war beschlossen worden, daß Mutter und Schwester im Frühling einen Besuch in Eppishausen abstatten sollten und schon am 2. Januar 1835 schreibt sie von diesem Plan und zeigt, wie früher in einem Brief an Sprickmann, wenig Neigung, die Schweiz kennenzulernen. Diese Neigung war wohl nur kurze Zeit vorhanden gewesen im Interesse ihrer jetzt beendeten Dichtung: „Wäre Jenny nicht dort und ginge Mama nicht mit, dieses gelobte Land möchte meinetwegen in Asien liegen. Ich muß so vieles zurück lassen, so viel Verwandte, so manche Befreundete, alle meine Gewohnheiten und Beschäftigungen, die leider zu abweichend von der Regel sind, als daß ich sie auswärts zu produzieren wagte. Jenny schreibt oft und sehr zufrieden; ihr Mann trägt sie auf den Händen und überhäuft sie mit solchen Geschenken, die ihr Freude machen. Die Gegend ist unvergleichlich, die Nachbarn zuvorkommend, – und dennoch, wie jammert sie nach uns! Ich habe wohl gedacht, daß es noch kommen würde, warum ist sie mit dem fremden Patron fortgegangen? Nun müssen wir nur auspacken und durch gute und böse Wege hinrumpeln, damit die armen Seelen Ruhe bekommen, d. h. die ihrigen und die unsrigen. Ein Jahr wird hingehen, ehe wir wieder Münsterschen Boden fühlen! Ach, ein Jahr ist eine lange Zeit; ich bin nie ein Jahr abwesend gewesen, ohne merkliche Lücken zu finden, wenn ich wiederkam, und habe selbst zweimal im Jahr in den Frühlings- und Herbst-Äquinoktien einen ganz fatalen Zeitraum voll Schmerzen und Hinfälligkeit. Ich weiß, daß ich in Gottes Hand stehe und bin nicht töricht verliebt ins Leben, aber die Überzeugung, die ich seit sechs Jahren hege, daß ein Äquinoktium mich einmal, ehe man's denkt, fortnehmen wird, mag doch viel zu meiner ernsten Stimmung beitragen. Glauben Sie mir, lieber Schlüter, ob ich gleich leicht aufzuregen bin, so sind doch meine einsamen Stunden ernst, oft schwer und sie nehmen den größten Teil meiner Zeit hin."

Je mehr die Abreise herannahte, um so schmerzlicher empfand die Dichterin die bevorstehende Trennung, um so eifriger suchte sie die Zeit zu nützen. Die Besuche zwischen Rüschhaus und Münster, mit den Schlüterschen Freunden wurden häufiger. Es wird viel über die Absicht der Dichterin an die Öffentlichkeit zu treten, gesprochen und um die schwer zu erlangende Einwilligung der Mutter geworben.

Im Juli wurde dann die Reise angetreten und im September scheinen Mutter und Tochter in Eppishausen eingetroffen zu sein. Der Wechsel der Luft und der Lebensweise war für Annette von den glücklichsten Folgen. Sie erstarkte während ihres Schweizer Aufenthaltes. Das Schloß, auf dem Abhang eines Hügels gelegen, bot freie Aussicht auf den Bodensee und über die Alpen. Laßberg hatte der Einrichtung so viel als möglich ein altertümliches Aussehen zu geben gesucht, alles stimmte zu der ritterlichen Erscheinung des Besitzers. – Den Jahren nach alternd, lebte er an der Seite einer geliebten Frau, inmitten seiner literarischen Schätze, deren Ausbeutung er uneigennützig zahlreichen Besuchern zur Verfügung stellte, in einer sehr glücklichen, andere beglückenden

Stimmung. Annette berichtet in ihren Briefen an Schlüter von seiner Liebenswürdigkeit auch ihr gegenüber, sie hat aber die wissenschaftlichen Verdienste ihres Schwagers ebenso wenig voll gewürdigt, wie er ihre poetische Begabung. Leider entsprach dem schönen Anfang in Eppishausen nicht der Fortgang. Dem sonnigen Herbst folgte ein strenger Winter. Fast sechs Monate lag Schnee, schon im Oktober war er einige Male so tief, daß man nicht wußte, wie man die Weinlese bewerkstelligen solle. Von Mitte November an blieb er liegen, ohne einen Tag Tauwetter bis hoch in den März und noch im April war es den einen Tag grün und den anderen weiß. Das Schlimmste war ein Nebel, aus dem man, wie Annette schrieb, hätte Brei kochen können, der gar nicht wegging. „Ich kann ohne Übertreibung sagen, daß ich das unmittelbar vor uns liegende Dorf mehrere Monate nur gehört, aber nicht gesehen habe. Den ganzen Tag klingelten Schlitten und bellten Hunde, die nebenher liefen, und Mama sagte ein ums andere Mal „Lappland!" Dazu kam, daß Jennys Befinden während des ganzen Winters bedenklich war. Diesem Zustand machte die Geburt von Zwillingen, Hildegund und Hildegard, am 10. März ein Ende. Die Gesundheit der jungen Mutter kehrte allerdings sehr langsam zurück, zumal da sie und ihr Gatte beim ersten Ausflug einen Unfall hatten. Die Pferde scheuten, der Wagen schlug um, und die Räder gingen über Laßbergs Schenkel. Annette, die beide begleitet hatte, war auch nicht unverletzt geblieben, doch konnte sie nach

Eppishausen zurückkehren, während Schwager und Schwester vierzehn schmerzvolle Tage in einem Wirtshause zurück blieben und der arme Laßberg an Krücken herumschleichen mußte.

Annette hatte während ihres Schweizer Aufenthalts den Druck ihrer Gedichte nicht aus den Augen verloren. Sie schrieb an Schlüter (18. November): „Mein ‚St. Bernhard' und sein Kompagnon werden sich noch in diesem Jahre den Kritikern vorstellen. Es ist gut, daß andere Leute für mich handeln, ich weiß mir doch allzu wenig zu helfen; bald bin ich schüchtern, bald zuversichtlich und beides ohne Gründe. Ehrgeiz habe ich wenig, Trägheit im Übermaß!" Es handelte sich um eine Abschrift ihrer Dichtungen für einen Kölner Verleger, den ihre Freunde ihr verschafft hatten. Die Reinschrift kam auch wirklich noch in Eppishausen zustande, aber als Annette aus der Rückreise den Winter über in Bonn blieb, entzog sie dem Verleger wegen vieler Verdrießlichkeiten wieder ihr Manuskript.

Unter der Fülle ihrer dichterischen Pläne beschäftigte sie damals eine Kriminalgeschichte, die sich in Brabant zugetragen hatte, die Entdeckung eines Mordes an einem Juden, und zugleich der Stoff des „Christian v. Braunschweig". Dieser, ein Freischarenführer des Dreißigjährigen Krieges, wurde von Lilly im Münsterland in der Schlacht bei Stadtloen besiegt und mit seiner Schar vernichtet. Der Schauplatz war die Heimat, der Gegenstand eine große entscheidende Schlacht und der Charakter des Christian v. Braunschweig geeignet, die Psychologin zu interessieren. Alle diese Gründe trieben Annette zur Bearbeitung dieses, für eine Frau ungewöhnlichen Stoffes.

Den Druck ihrer vorhandenen Dichtungen hatte sie fast ausgegeben, hauptsächlich aus Rücksicht für ihre Mutter, die im Grunde jedes öffentliche Auftreten scheute und nur zu empfindlich für die Stimme des Publikums war.

Da schrieb ihr Freund Schlüter am 3. November 1837 einen Brief in Hexametern wie folgt:

„Auf, o Nettchen, und schreib und tunk in die Tinte die Feder,
Wohlgeschnitten und gut und eilend gefertigt die Abschrift,
Denn wir werden gedruckt, der Tag der Vollendung, er naht.
Merke, also geschah's."

Er erzählt nun, daß er mit dem Sohne des ihm befreundeten Buchhändlers Hüffer in Münster eine Unterredung gehabt habe, daß Annette demnächst einen Brief von diesem erhalten werde, und er mahnt dringend zum Abschluß der früheren Gedichte.

„Braten Kastanien zu lang', so werden sie alle zu Kohlen!
Wie kann Neues gedeihen, wo nicht sich ablöst das Alte?
Leserlich schreib; nicht schön, nur daß es lese der Setzer.

Beßre nicht ferner umsonst, im ganzen laß es beim alten.
Mir vertraue das Werk und dem sehr einsichtigen Junkmann,
Und gar balde wird sich's nach Wunsch und Gefallen Dir zeigen,
Daß Du selber erstaunst, wie schön Du gereimt und gedichtet.
O, erfinden ist schön, Ausführung schöner, am schösten
Ist vollenden dennoch, fürwahr vollenden ist göttlich!"

Annette war nicht in Rüschhaus, sondern bei dem Bruder in Hülshoff. Dahin wurde ihr dieser Brief nachgeschickt. Ihre Antwort vom 18. November lautete:

An Professor Schlüter

Hülshoff, 18. 11. 1837

Euern Brief, werter Freund und geehrter Patron!
Erhielt ich nicht etwa am vierten schon,
Vielmehr in Rüschhaus er ruhig lag
Und tat sich dort einen faulen Tag,
Da schon seit einer Woch' und mehr
Die Residenz entbehrt ihre Königin schwer.
So kam er erst gestern abend mir nah!
O was für schöne Hexameter las ich da!
Meint Ihr nun, ich soll den Pegasus besteigen
Und mich als ferme Reiterin zeigen?
Der galoppiert den ganzen Tag,
Drum Euch für jetzt ein Karrengaul genügen mag.
Was Ihr schreibt von „Feder tunken ein",
Würde zum Ohr hinausgefahren sein,
Trät' nicht grad eine günstige Pause ein.
Da ich geschrieben an Braunschweig so lang,

Daß gestern beendigt der erste Gesang,
So schicke ich denn heute ohne Trug,
Daß man mir sende das „fuchsige Buch",
Und beginne morgen sogleich das Gedicht:
Doch den dritten Gesang, den schreib' ich nicht.
Habe ich einmal den Alten erschlagen,
So will ich meiner Sünden Last auch tragen,
Bin auch bei weitem nicht heilig genug,
Tote wieder zum Leben zu wecken,
Die Feder mögt Ihr an den Hut Euch stecken.
Was Ihr schreibt von H. Hüffer, dem guten Mann,
Der verspricht Dinge und unterläßt sie dann;
Keinen Brief hab' ich von ihm gesehen,
Er muß noch in seinem Kopfe stehen.
Bringt ihm übrigens meinen freundlichen Gruß,
Das ist ein Mann, der jedem gefallen muß.
Mit meinem „Christian" geht es so, so
Und kroch mir heut ins Ohr ein derber Floh;
Was ich täglich schrieb, des war ich froh,
Und schien mit einzeln ein jedes gut,
Nun ich's überseh', sinkt mir der Mut.
zu klingelnd ist es, zu reichlich weit
Und dann vor allen Dingen zu breit.
Fürwahr! Die Schere soll noch hinein,
Und eine Heckenscher' muß es sein!
Aus dem Pegasus meint' ich mich stolz gesessen –
Und sollt' es am End' eine Schindmähre 'wesen? –
Hart wär' das Ding, noch sag' ich's nicht,
Werd' bringen die Sache vor Gericht,
Wenn nächstens Münster die Ehr' soll haben,
An meiner Gegenwart sich zu laben.
Wie es mir hier geht? Schon gut genug.
Ich stricke, schreibe, lese ein Buch,
Und jeden Abend muß ich erzählen,
Sollen die kleinen Rangen nicht tot mich quälen.
Sieben sind ihrer an der Zahl,

Noch klein und wirrig allzumal,
Doch da jedes meines Blutes Zweig,
Muß ich *contre coeur* lieben das grüne Zeug.
Die Geschichten, bei Gott, sind ein langes Seil,
Gemacht zu töten durch Langeweil',
Und ist dies meine größte Pein,
Daß ich muß mein eigner Zuhörer sein.
Das ist eine Buße für viele Jahr',
Und ich mein', schon sei ich der Sünden bar.
Nun, werter Freund! sag' ich Euch Ade,
Ihr wißt, zum Briefschreiben bin ich etwas zäh.
Grüßt mein Thereschen, die Mutter obenan
Und Junkmann, meinen getreuen Kumpan,
Dessen Talent soll auch nicht fressen der Rost.
Mit eiliger Feder
                               Annette v. Drost.

Im Jahre 1838 erschien wirklich im Hüfferschen Verlag in Münster ein Band Poesien unter dem Titel: Gedichte von A. v. Dr.-H. Diese Sammlung enthielt bereits den fertigen „Christian von Braunschweig" in allerdings veränderter Gestalt, denn nicht diesem, sondern der Schlacht im Loener Bruch galt die hauptsächliche Schilderung. Es war die erste Dichtung von Annette, die frisch aus ihrer Feder in die Druckerei wanderte. Sie hatte den vaterländischen Stoff mit Bedacht gewählt und darin das Beste geboten, was sie bisher geleistet hatte. Mit kühnen plastischen Zügen war das anschauliche Gemälde jener blutigen schweren Zeit gezeichnet, dem niemand die weibliche Feder anzusehen vermochte, und doch hatte sie sich fern von jenem Schwelgen im Grausigen gehalten, darin später so manches Talent unterging. Ihr keusches, reizbares Schönheitsgefühl hatte sie davor bewahrt. Die Zeit des jungen Deutschland war nicht dazu geeignet, eine solche Dichterin zu verstehen, sie war die Vorläuferin einer späteren, unserer Zeit. So war es denn kein Wunder, daß diese erste Gedichtsammlung einer namenlosen Dichterin nicht den Erfolg hatte, den sich ihre Freunde davon versprachen, aber es bleibt immerhin beschämend für deutschen Geschmack, daß von der ersten Auflage nur gegen 40 Stück verkauft wurden, und die Sammlung in der großen Welt fast unbeachtet blieb. Die Dichterin tröstete sich mit philosophischem Gleichmut darüber, sie hegte den Wunsch, nicht jetzt, aber 50 Jahre nach ihrem Tode gelesen zu werden, und dieser Wunsch ist denn auch weit über ihr Erwarten in Erfüllung gegangen. Von den Leiden und Freuden, die sie infolge dieser Veröffentlichung erlebte, geben ihre Briefe lebendiges Zeugnis, das diejenigen ahnen können, die den früher zitierten Brief an Sprickmann über ihr Gedicht, den „Walter", gelesen haben. Sie hat wohl nur um ihrer Mutter, ihrer großen Familie wegen gewünscht, manches Urteil wäre weniger plump und ungeschickt ausgefallen; sie selber tröstete sich mit dem Bewußtsein, das Beste gegeben zu haben … und mit der Anerkennung weniger Freunde, deren Urteil sie schätzte. Die erstaunte und gewissermaßen nachlässige und abweisende Art, wie ihr Schwager Laßberg eine sehr günstige Besprechung ihrer Gedichte aufnahm, zeigt am deutlichsten, wie wenig selbst ihre Nächsten eine Ahnung von ihrer Bedeutung hatten.

In dieser Zeit kehrte Schücking, der in München, Heidelberg und Göttingen Rechtswissenschaft studiert hatte, nach Münster zurück, um seine Zukunft ganz aus seine Feder zu stellen. Er kam hier in Beziehung zu einer alten Freundin seiner Mutter Elise v. Hohenhausen, deren Tochter Elise, Gattin des preußischen Regierungsrates Rüdiger, sehr empfänglich für schöne Literatur war. Diese Frau bildete den Mittelpunkt eines Kreises, dessen Mitglieder an jedem Sonnabend in ihrem Hause zusammen kamen, um – wie Annette ihrer Schwester berichtete – „zu delibrieren und einander zu kritisieren". Außer Annette und Schücking gehörte zu diesem Kreise eine Tante von Frau Rüdiger Henriette v. Hohenhausen, die ein Bändchen hübscher Erzählungen geschrieben hatte. Dann ein junger Dichter W. Junkmann, den Annette bereits in ihrer poetischen Antwort an Schlüter erwähnt, eine Seele voller Romantik und eigenartigen, sich oft widersprechenden Lebensanschauungen, der einen langen Liebeskampf mit Thereschen Schlüter in Szene setzte, bevor sie seine Frau wurde. Ferner ein Geheimrat Carvacki, der seine Kunst Tieck abgelauscht haben wollte und besonders als Vorleser glänzte. Schücking nannte ihn einen Blagueur, der aber infolge seines wechselreichen Lebens sehr anregend wirkte.

Als Hecht im Karpfenteiche dieses Kreises wird ein Fräulein Louise v. Bornstedt aus Berlin genannt, die unter dem Titel: „Pilgerklänge einer

Heimatlosen« Gedichte herausgegeben hatte. Diese Dame vereinigte mit empfänglichen Gemütseigenschaften und aufrichtiger Begeisterung einen ränkeschmiedenden Geist, der alles und alle gegeneinander zu hetzen liebte und dies bald auch hier tat.

Annette schreibt an die Schwester: „Die Bornstedt hat mich zur Herzensfreundin erwählt, ich mag sie aber nicht besonders. – Ihre Schreiberei bedeutet nicht viel, doch verdirbt sie keinen Stoff ganz, ist in allen Sätteln gerecht und liefert, wie die Verleger es verlangen, bald einen Operntext, Gedichte, Heiligenlegenden, aber immer anonym; sie hat schon viel Geld damit verdient. Du hast wahrscheinlich schon etwas von ihr gelesen, denn sie paradiert fast in allen Taschenbüchern, Journalen usw. Dagegen gefällt mir Tante Hohenhausen ungemein. Sie ist alt, bucklig und äußerst schwächlich, aber die Güte, Freundlichkeit und vor allem die Bescheidenheit selbst. Die Bornstedt verachtet sie ihres etwas altfränkischen und sehr einfachen Stiles halber und weil sie nichts als ein kleines Bändchen Erzählungen geschrieben hat, worin nicht ein einziger Knalleffekt vorkommt, ich aber weiß wohl, daß ich sehr froh sein würde, wenn ich so gut erzählen könnte, und daß die Bornstedt in ihrem ganzen Leben nicht so gut schreiben wird. So halte ich der Bornstedt resolut die Stange, die zuweilen ihren Übermut gegen diese liebenswürdige, sanfte Person gar nicht zurückhalten kann, aber wenn sie schweigt, so tue ich es desto weniger!"

Trotz ihrer Abneigung gegen diese Dichterin wollte Annette später auf das Honorar für ihre Gedichte verzichten, um es heimlich dieser Dame zukommen zu lassen, von deren selbstverschuldeter Not sie gehört hatte.

In dem genannten Kreise entwickelte sich allmählich eine Liebesneigung Schückings zu der jungen, anmutigen Frau Rüdiger, die von dieser erwidert wurde. Annette, die eine Verpflichtung für das Wohl und Wehe Schückings zu haben glaubte, sah nach ihrer ganzen Lebensanschauung und ihrer hohen Auffassung von der Ehe in dieser keimenden Neigung eine schwere sittliche Gefahr für beide Teile, und ihrem Einflusse gelang es denn auch, die beiden jungen Menschen nach und nach in die Bahn ruhiger, reiner Freundschaftsempfindung hinüber zu führen, freilich erst, nachdem die Bornstedt allerlei Klatschereien in Umlauf gesetzt hatte. Elise Rüdiger trat in dieser Zeit Annette sehr nahe und wurde ihr täglich werter. An sie ist das folgende Gedicht gerichtet.

An Elise
Am 19. November 1843

Du weißt es lange wohl, wie wert du mir,
Was sollt' ich es nicht froh und offen tragen,
Ein Lieben, das so frischer Ranken Zier
Um meinen kranken Lebensbaum geschlagen?
Und manchen Abend hab' ich nachgedacht,
In leiser Stunde träumerischem Sinnen,
Wie deinen Morgen, meine nah'nde Nacht
Das Schicksal ließ aus einer Urne rinnen.

Zu alt zur Zwillingsschwester, möchte ich
Mein Töchterchen dich nennen, meinen Sprossen;
Mir ist, als ob mein fliehend Leben sich,
Mein rinnend Blut in deine Brust ergossen.
Wo flammt im Herzen mir ein Opferherd,
Daß nicht der deine loderte daneben,
Von gleichen Landes lieber Luft genährt,
Von gleicher Freunde frommem Kreis umgeben?

Und heut, am Sankt Elisabethentag,
Vereinend uns mit gleichen Namens Banden,
Schlug ich bedächtig im Kalender nach,
Welch Heilige am Taufborn uns gestanden;
Da fand ich eine königliche Frau,
Die ihre milde Segenshand gebreitet,
Und eine Patriarchin, ernst und grau,
Nur wert um den, des Wege sie bereitet.

Fast war es mir, als ob dies Doppelbild
Mit strengem Mahnen strebe uns zu trennen,
Als woll' es dir die Fürstin zart und mild,
Mir nur die ernste Hüterin vergönnen;
Doch – lächle nicht – ich hab' mich abgekehrt,
Bin fast verschämt zur Seite dir getreten;
Nun wähle, Lieb, und die du dir beschert,
Zu der will ich als meiner Heil'gen beten.

Schücking war seit seiner Rückkehr nach Münster in persönlich regem Verkehr mit Annette getreten, obgleich diese an ihrem Schützling manches zu tadeln und auszusetzen fand. Sie schreibt über ihn an ihre Schwester:

„Levin Schücking mußt du kennen, da er schon früher in Rüschhaus war. Sein Vater ist nach der Mutter Tod seines Amtes entsetzt und nach mancherlei Drangsalen endlich nach Amerika gegangen. Levin ist in Münster geblieben und ernährt sich durch Unterricht im Englischen und Schriftstellerei. Mit letzterer ließ es sich anfangs schlecht an, da seine Gedichte sich keineswegs auszeichnen und seine dramatischen Produkte noch weniger. Jetzt aber hat er sich seit einem Jahre in das kritische Fach geworfen, worin er viel Beifall findet und viel Geld verdient, da alle dergleichen Zeitschriften ihn zum Mitarbeiter haben wollen und stark bezahlen. Er hat ohne Zweifel das feinste Urteil in unserem Klub und es ist seltsam, wie jemand so scharf und richtig urteilen und selbst mittelmäßig schreiben kann! Er erinnert mich oft an Schlegel, ist sehr geistreich und überaus gefällig, aber doch eitel, aufgeblasen und lapsig, daß es mir schwer wird, billig gegen ihn zu sein. Er soll sehr moralisch gut und so gelehrt sein, wie nicht leicht jemand seines Alters; denn er ist erst in den Zwanzigern."

Aus diesen Worten spricht keine besondere Vorliebe, sie fühlte sich als Beschützerin, hilfreich wie sie stets war, bemühte sie sich, ihn in eine feste, bescheidenen Ansprüchen genügende Stellung zu bringen. Vielleicht wollte sie ihn auch der jungen Freundin zuliebe von Münster entfernen. Sie schreibt an ihre Freundin Amalie Hassenpflug, deren Bruder als leitender Minister nach Hohenzollern berufen war und empfiehlt Schücking als Privatsekretär, indem sie hofft, daß der kleine Anstrich vom Gecken, sein bißchen hochmütiges

Wesen sich unter Leitung des Ministers verlieren werde. Ihre Verwendung blieb jedoch erfolglos.

Inzwischen wurden ihre literarischen Beziehungen mit Schücking immer lebhafter. Jeden Sonnabend brachte die Bückersche, die alte Botenfrau, dem jungen Freunde ein Paket mit durchgelesenen Büchern nebst einem Brief und nahm eine Antwort sowie eine neue Sendung Bücher mit hinaus. Dienstags wanderte er selbst um die Nachmittagsstunde hinaus und Annette erwartete ihn, in der Sonne röstend, unweit von Rüschhaus auf einer Bank im Gehölz, mit dem Fernglas nach ihm ausspähend. Schücking wurde in ihr Zwischenstockszimmerchen geführt und mit dem klassischen westfälischen Kaffee und frischem Obst bewirtet. Später unternahmen beide kleine Streifereien in die Umgebung, wobei oft bei einer bekannten Pächterin eingekehrt wurde. War schlechtes Wetter, flossen die Stunden nicht minder schnell vorüber, sie wurden in Annettes stillem Schneckenhäuschen, wie sie ihr Zimmer nannte, angenehm verplaudert. Unter diesem Zimmer war das Gesindezimmer, worin in der Abendstunde die Beschließerin und die Hausmagd ihre Räder drehten, wobei Hermann, der Knecht, und Trimm, der schwarze zottige Hausköter, ihnen Gesellschaft leisteten. Das Schnurren der Räder, sowie das Murmeln der Stimmen war den ganzen Abend über in Annettes Zimmer zu hören, und dies war dann der Augenblick, wo sie am liebsten erzählt, und sie erzählte gern und vortrefflich! Da die Erzählerin und auch der Zuhörer dem Wunderbaren zuneigten, so wendeten sich die Geschichten sehr oft dem Übersinnlichen der Geisterwelt zu und hatten einen um so größeren Reiz, weil beide sich nicht ganz klar darüber waren, ob sie an Wahrheit und Wirklichkeit dieser Tatsachen auch aufrichtig glaubten. Es lag in Annette etwas von der Faustischen Sehnsucht, nicht nur diese Welt zu begreifen, sondern einzudringen in eine andere, mit deren Ahnung sie sich von jeher beschäftigt hatte, die sie in den Vorstellungen ihrer einfachen Landsleute wiederzufinden glaubte. – Ihre späteren, auf westfälischem Boden spielenden Balladen entstammten sämtlich Stoffen solcher Erzählungen; eine davon: „Das Fräulein v. Rodenschild", glaubte sie selber ernstlich, in einer Art von somnambulem Zustand erlebt zu haben.

– Auf den Edelhöfen in Westfalen herrschte die Sitte, daß das Gesinde in der Ostermitternacht aufstand, um mit alten Volksliedern die Auferstehung des Herrn zu feiern! Einst wird die Dichterin von solch schönem, altertümlichem Liede geweckt, sie steht aus und tritt an ihr Fenster, von dem sie den Hof überblicken kann. Nun hört sie, wie die Haustüre geöffnet wird und sieht eine weibliche Gestalt mit reichem blondem Haar, einen Leuchter mit flackerndem Licht in der Hand, in den Hof treten und durch die Reihen der Dienstboten schreiten, die auseinander treten, um ihr Platz zu machen. Sie erkennt in der Dahinschreitenden sich selbst und sieht, wie sie dann in das Gebäude eintritt und sich langsam an den Fenstern vorüber die Treppen hinaufleuchtet; – dann ist alles in Dunkelheit begraben und verschwunden! Aufgeregt vermag sie nicht zu schlafen. Am anderen Morgen fragt sie mit dem Anschein unbefangendster Ruhe und desto größerer innerer Spannung den ersten ihr begegnenden Diener: „Ihr habt in der vergangenen Nacht wieder den Ostermorgen angesungen?" – „Freilich," antwortete dieser, „das gnädige Fräulein ist ja selbst zu uns herausgekommen, wir wunderten uns darüber und waren bange, daß sich das gnädige Fräulein erkälten möchten." Annette setzte betroffen die Unterhaltung nicht weiter fort.

Wie meisterhaft die Dichterin verstand, solche Stoffe in Poesie umzusetzen, zeigt am besten ihr erzählendes Gedicht: „Der *Spiritus familiaris* des Roßtäuschers". Sein Inhalt ist einer Grimmschen Sage entnommen, aber nichts ist darin gereimte Prosa, alles ist verwandelt in Poesie. Zu allem, was die Dichterin schon bisher mit Schücking verband, kamen nun noch gemeinsame Arbeiten.

Überall wurden damals, angeregt durch die Brüder Grimm, Brentano, Arnim und andere, besonders die heimatlichen Zustände Deutschlands beachtet. Das Charakteristische der Landschaft wurde geschildert, Sagen, Legenden, Volkslieder ausgezeichnet und verbreitet, und ihre poetische Bearbeitung in Angriff genommen. Beinahe alle Provinzen Deutschlands waren bereits geschildert, nur Westfalen war noch nicht beachtet worden. Da faßte im Jahre 1839 ein unternehmender Verleger, Langewiesche in Barmen, den Plan „eines malerischen und romantischen Westfalens" und beauftragte mit der Ausführung den so schnell zu Ruhm und Ansehen gelangten westfälischen Dichter Freiligrath. Dieser bat Schücking um Mitarbeit, der sicher dazu mehr als jener geeignet war; denn Freiligrath hatte von seinem Kontorpult aus wohl seine Phantasie in ferne Länder geschickt, aber sein engeres Heimatland nicht in gleichem Maße der Beachtung wert gefunden. Er kam zudem am Rhein in lustige Gesellschaft und vergaß seinen Auftrag, so daß Schücking aufgefordert wurde, für ihn einzuspringen. Schücking konnte das nur mit Hilfe von Annette v. Droste, weil sie besaß, was auch ihm fehlte, genaue Kenntnis ihres Heimatlandes. Mit doppelter Freude ging diese an die Arbeit, sie durfte die geliebte Heimat schildern und konnte einem Freunde nützen. So wurde sie die Erzählerin, die Beurteilerin, die Schücking zur Arbeit antrieb. Sie selbst aber gab den Sagen und den historischen Stoffen Westfalens die poetische Form. Erst bei der zweiten Auflage des Buches wurde übrigens ihr Name genannt.

„Das malerische und romantische Westfalen" blieb nicht die einzige gemeinsame Arbeit. In seinen ersten Roman „Eine dunkle Tat" hat Schücking ganz unverändert einen Beitrag aus der Feder seiner Freundin aufgenommen. Ihre Schilderung des vornehmen Stiftsfräuleins in diesem Roman bildet in unverkennbaren Zügen ein Selbstbildnis aus ihrer Feder. In dem von der Universität zurückgekehrten Jüngling hat sich dann auch Schücking gezeichnet. Über dieser gemeinsamen Arbeit vergaß Annette aber keineswegs

ihre eigenen. In Bökendorf hatte man sie wieder und immer wieder aufgefordert, sich im Dramatischen, und zwar im Lustspiel, zu versuchen. – Sie schreibt darüber an Schlüter: „Des seit zwanzig Jahren bis zum Ekel wiederholten Redens über Mißkennung des eigenen Talentes müde, habe ich mich zu etwas entschlossen, was mir im Grunde widersteht, nämlich einen Versuch im Komischen zu unternehmen. So dränge ich denn jeden Trieb zu anderem gewaltsam zurück und scheue mich doch vor jener – gleichsam bestellten Arbeit, wie das Kind vor der Rute. Nicht, daß ich meine, sie werde völlig mißlingen; es fehlt mir allerdings nicht an einer humoristischen Ader. Aber sie ist meiner gewöhnlichen und natürlichen Stimmung nicht angemessen, sondern wird nur hervorgerufen durch den lustigen Halbrausch, der uns in zahlreicher und lebhafter Gesellschaft überfällt, wenn die ganze Atmosphäre von Witzfunken sprüht und alles sich in Erzählung ähnlicher Stücke überbietet. Bin ich allein, so fühle ich, wie dieses meiner eigentlichen Natur fremd ist. –
Zudem will mir noch der Stoff nicht recht kommen; einzelne Szenen, Situationen, lächerliche Charaktere im Überfluß; aber zur Erfindung der Intrige des Stückes fehlt mir bisher, ich weiß nicht, ob die Lust oder das Geschick!"

Onkel Harthausen schlug ihr bei dieser Gelegenheit vor, ein Lustspiel im vaterländischen Dialekt zu schreiben, weil sie diesen meisterhaft handhabe. „Doch das muß ich ganz verwerfen," schreibt sie, „wer wird es verstehen? Nicht mal der Eingeborene, da ihm die Buchstabenfügung zu fremd und manche Laute mit den vorhandenen Mitteln gar nicht wiederzugeben sind, viel weniger der Ausländer, der sich doch keinen Sprachstudien ergeben wird, um das Lustspiel einer obskuren Skribentin zu lesen. – Meine Neigung triebe mich zur psychologischen Behandlung eines ernsten Stoffes, aber ich habe es mir mal anders vorgenommen, mißlingt der Versuch, so haben meine Plagegeister ja den Beweis in Händen, daß der Irrtum auf ihrer Seite war." – Es entstand nun die kleine Lustspielskizze: „Perdu, oder Dichter, Verleger und Blaustrumpf", eine Skizze in Form einer dramatischen Plauderei, darin sie das soeben mit Freiligrath Erlebte verwendete. Sie schildert des Dichters Unlust, im Frühling an die übernommene Arbeit zu gehen, seine Hingabe an jeden Augenblick der Lust, die Verzweiflung des Verlegers darüber, der auf diese Weis um seinen Verdienst kommt, den er bereits seiner Frau versprochen hat. Der Leser oder Hörer macht ferner die Bekanntschaft der verschiedensten weiblichen Dichterlinge und des Kritikers Seybold, der einzig von den Gedichten der Frau v. Thielen etwas wissen will, die zu seinem Kummer aber durchaus für keine notwendigen Änderungen zu haben ist usw. Der Verleger, bei dem sich alle diese Personen treffen, ist schließlich der Geprellte.

Annette schrieb Schlüter, sie wolle alles vermeiden, was als Anspielung auf bestimmte Persönlichkeiten gedeutet werden könne, trotzdem sind alle Personen, – mit wenig Strichen charakterisiert, – deutlich zu erkennen: Freiligrath als Sonderrat, Schücking als Kritiker Seybold, Annette selbst als Frau v. Thielen. Sie hat den Scherz niemals drucken lassen und schrieb an den Onkel v. Haxthausen: „Mein Lustspiel, worin ich höchstens der Bornstedt zu nahe getreten sein könnte, ist auch von meinem Kreise förmlich gesteinigt und für ein vollständiges Pasquill auf sie alle erklärt worden, und doch weiß Gott, wie wenig ich an die guten Leute gedacht habe!"

Sie hat nie wieder ein Drama versucht, obwohl gerade dieser Versuch ihr großes Talent für dergleichen zeigt und zugleich beweist, wie hoch sie selbst über ihrer Umgebung stand, denn sie hatte sich selber am wenigsten darin geschont. Doch nicht für das Komische, sondern für den Humor war sie in erster Linie begabt, denn das Komische ist ja nur eine Seite menschlicher Begabung, während die humoristische Darstellungsart aus einer Weltanschauung hervorgeht.

Ihren Verwandten und Bekannten erschien Annettes lebendiges, geistreiches, geniales Wesen oftmals drollig, nur ihre Freunde wußten, welch ein tiefes, wundes Herz in ihrem Busen schlug. Aus diesen Gegensätzen ist ihr Humor geboren, den sie am unzweideutigsten in ihren Briefen und in dem früher bereits genannten Fragment: „Bei uns zu Hause auf dem Lande" bewiesen hat.

Annettes Neigung, verwickelten, seelischen Zuständen nachzuspüren, sie zu entwirren und anderen zu offenbaren, entstammt die von allen Kritikern als Meisternovelle anerkannte „Judenbuche". Sie hat diese Novelle in verschiedenen Fassungen, die wohl eigentlich Vorstudien sind, hinterlassen. – Das Reifste und Schönste jedoch, das von ihr bleiben wird, was ihre Persönlichkeit aus der Menge aller Dichterinnen heraushebt, das spricht zu uns aus ihrer Lyrik. Wie ein angestauter Strom entquollen diese Dichtungen ihrer Seele, als die Zeit dazu gekommen war.

Annette war während des Winters 1840/41 allein in Rüschhaus geblieben. Die Mutter besuchte die Laßbergsche Familie, die von Eppishausen nach der Meersburg am Bodensee in ein milderes Klima übergesiedelt war, und blieb bis Ende Mai fort. Im August 1841 wurde Frau v. Laßberg mit den beiden kleinen Füchsen, wie der Vater seine Töchter wegen ihres rötlichen Haares nannte, erwartet. Die Kinder erkrankten jedoch bereits unterwegs an den Blattern und so mußte sich die Mutter, statt sich nach sechsjähriger Abwesenheit des Umgangs mit allen Verwandten zu erfreuen, der Ansteckungsgefahr wegen, völlig abschließen. Als Entschädigung dafür sollte Annette, deren Gesundheitszustand wieder einmal eine Luftveränderung nötig machte, Frau v. Laßberg nach Meersburg begleiten. Der Entschluß wurde schnell gefaßt und ausgeführt. Ganz begraben in Kleidern und Papieren sendet sie am 19. September Schlüter einen Abschiedsbrief:

„Wir haben uns in diesem letzten Jahre so selten gesehen, daß es mich heute gereut, wenn ich nur daran denke, aber „fahren" kommt selten an mich und vom „gehen" bin ich leider so abge-

kommen, daß der Weg nach Münster für mich mehr ist, als für einen richtigen Fußgänger eine zehnstündige Tour. Ich hoffe, die reine und milde Seeluft, verbunden mit gutem Entschlusse, wird auch dieses herstellen. Zu arbeiten denke ich drüben fleißig, mein angefangenes Buch über Westfalen zu vollenden und die geistlichen Lieder zu feilen und abzuschleifen. Das Nötige dazu steckt schon tief unten im Koffer und an Zeit und Ruhe wird es mir nicht fehlen, da Jenny mir auf meine Bitte ein ganz abgelegenes Zimmer in ihrem alten weiten Schlosse einräumen will, in dem sich die wenigen Bewohner wie einzelne Fliegen verlieren. Wenn ich dort keine Gespenster- und Vorgeschichten schreiben kann, so gelingt es nie! –
Von meinem Westfalen (bei uns zu Lande aus dem Lande) hoffe ich auch Erfreuliches. – Ich wollte nur, ich säße erst an meinem Seeufer. Die letzten Tage vor dem Abschiede sind mir eine Körper- und Gemütsqual und von einer Reise habe ich nie Freude, da ich leider das Fahren nicht vertrage und schon eine Stunde nach der Abfahrt die Sehnsucht nach dem Abendquartiere mein fixer Tagesgedanke wird."

Ende September trafen die Reisenden vor der Meersburg ein. Schon bei der Überfahrt aus dem Hafen von Konstanz erblickte sie das Schloß von dem erhöhten Seeufer der anderen Seite. Eine Stunde mußte sie dann vom Strande den engen Burgberg hinaufklettern, um von der Rückseite über eine Brücke, durch ein altes Tor in einen Hof zu gelangen, der von verschiedenen Gebäuden umgeben war. Die Hauptmasse bildete ein Viereck, das den gewaltigen Turm König Dagoberts, des Erbauers, umschloß. An seinen Ecken erhoben sich wieder kleinere, runde Türme, und in einem dieser Türme, dem nordöstlichsten, fand Annette ihr Dichterstübchen. Nur wenige Schritte führten sie von dort in den kleinen Burggarten aus der Mauerzinne nach Süden, wo sich ihr eine unvergleichliche Aussicht auf und über den See, auf die Thurgauer Gebirge, den Säntis und den Vorarlberg eröffnete. In der erquickenden Luft, bei der Schwester, die ihr stets regste Teilnahme für ihr poetisches Schaffen gewährte, deren Kinder ihr angenehme Erheiterung brachten, erholte sie sich schnell von der anstrengenden Reise. Ganz aus sich selbst kam Laßberg, der sich lange nach einem kenntnisreichen jungen Mann umgesehen hatte, der ihn im Hause nicht störte und nicht zu große Ansprüche an seine Kasse stellte – auf den Gedanken, Schücking zu fragen, ob er einen Katalog über seine wissenschaftlichen Sammlungen anfertigen und zu diesem Zweck nach der Meersburg kommen wolle. Schücking sagte zu und traf im Oktober 1841 bereits dort ein.

Nun hatte Annette v. Droste, wonach sie sich ihr Leben lang sehnte, in nächster Nähe einen Menschen, der ihre literarischen Interessen verstand und teilte, gegen den sie sich in eifrigen Gesprächen völlig ungezwungen über aller; äußern konnte, einen Menschen, der sie reizte, ihr widersprach, dessen Urteil sie schätzte, der sie zur Niederschrift anspornte der alles besaß, was ihr fehlte: Lust zum literarischen Schaffen und ausgebreiteten Verkehr mit Verlegern und Schriftstellern. – Wenn sie früher in Erinnerung an die verstorbene Freundin sich des vereinsamten Knaben mit mütterlicher Sorgfalt annahm, und ihm während seiner Neigung für die junge Frau eine treue Beraterin war, so erwuchs ihr nun täglich mehr und mehr in diesem Manne ein sie bewundernder Kamerad, der halb in ihr die Mutter, die Freundin, seine Muse, vielleicht noch etwas anderes sah, denn Schücking gestand später, daß er mit Empfindungen, über die er selbst nicht klar gewesen sei, in das große leuchtende Auge der besten Freundin geblickt habe, die er je gefunden. Die geistsprühende Frau hob den Jüngling über sich selbst hinaus, zeitweise aus eine Höhe, die er später nicht wieder erreichte, und wurde durch ihn sich selbst zur Offenbarung. Annette v. Droste war damals nicht mehr das zarte elfenhafte Wesen, wie Schücking sie einst schilderte, sie war stärker und kurzatmiger geworden, weshalb sie sich viel Bewegung in frischer Luft machen mußte. Aus Apenburg, einer Besitzung ihres Onkels v. Haxthausen, hatte sie geschrieben:

„Ich muß rennen wie ein Postpferd und jetzt auf ärztlichen Befehl Steine klopfen, was ich nicht halb so gerne tue wie früher freiwillig, doch zuweilen klopfe ich mich wieder in den Eifer hinein und habe meine Freude und Bewunderung an den Schaltieren und Pflanzen, die den Worten des Psalmisten zum Trotz (der Mensch verdorret wie eine Blume des Feldes), ihr zerbrechliches Dasein durch Jahrtausende erhalten haben."

Solche Spaziergänge waren ihr in Meersburg wieder verordnet worden, aber nun war sie nicht mehr allein mit den eigenen Gedanken, sondern hatte neben sich den jungen Freund, der, begeistert wie sie selbst, die herrliche Natur bewunderte. Gemeinsam stiegen sie zum See hinab, sahen am Ufer wandelnd dem Spiel der Wellen zu, lauschten ihrem Murmeln, sammelten Muscheln oder Schneckenhäuser und fischten seltsame Kräuter aus, die ans Land gespült wurden. Alles gab Veranlassung zum Gedankenaustausch. Oder sie wanderten landeinwärts durch Wein- und Fruchtgärten in den Wald zu einer Bank, von der sie die Aussicht auf den Überlinger See und die Mainau hatten. Auf dem Rückwege über die Höhen längs dem Bodensee pflegten sie in einem schön gelegenen Wirtshause zu tasten, bedient von dem drolligen Wirtspaar, das noch in Schwarzwälder Tracht gekleidet ging.

> Ist's nicht ein heit'rer Ort, mein junger Freund,
> Das kleine Haus, das schier vom Hange gleitet,
> Wo so possierlich uns der Wirt erscheint,
> So übermächtig sich die Landschaft breitet?
>
> Sitz' nieder! Trauben!
>
> Frisch, greif' in die kristall'ne Schale, frisch!
> Die saftigen Rubine glüh'n und locken;
> Schon fühl' ich an des Herbstes reichem Tisch
> Den kargen Winter nah'n auf leisen Socken.

Das sind dir Hieroglyphen, junges Blut,
Und ich, – ich will an deiner lieben Seite
Froh schlürfen meiner Neige letztes Gut!

Das war ein anderes Leben, als das bisher einsam verbrachte daheim, oder bei Verwandten und Freunden, deren Leben sie teilte, ohne selbst viel zu empfangen. Schücking kannte jeden einzelnen ihrer Familie, ihrer Freunde, er nahm ebenso teil an ihren täglichen kleinen Interessen wie an ihrer Arbeit. Diese weckte stündlich neue Fragen. Angeregt durch ihn nahmen alle ihre Geisteskräfte einen fast stürmischen Anlauf. Wozu Jahre gehört hatten es zu wecken und heimlich zu vollenden, das fiel nun als reife Frucht ihrem Freund in den Schoß. Fast alle ihre sonst regelmäßigen Briefwechsel ruhten, sie geizte mit jeder Minute, um herauszuschlagen, was möglich war.

Die beiden Freunde waren nicht immer der gleichen Meinung, Schücking hatte an der Klarheit ihres Ausdruckes mancherlei auszusetzen, er schlug Veränderungen vor, die, wenn er sich solche selbständig erlaubte, Annette erzürnten, während sie stets bereit war, ihn anzuhören und ihm zu entgegnen. Sie stritten dann miteinander und es kam wohl auch zu ernsteren Auseinandersetzungen.

An Levin Schücking

Kein Wort, und wär' es scharf wie Stahles Klinge,
Soll trennen, was in tausend Fäden eins,
So mächtig kein Gedanke, daß er dringe

Vergällend in den Becher reinen Weins;
Das Leben ist so kurz, das Glück so selten,
So großes Kleinod, einmal sein, statt gelten!

(Und an denselben)

Daß manches schroff in mir und steil,
Wer könnte, ach, wie ich es wissen!?
Es ward zu meiner Seele Heil
Mein zweites, zarteres Gewissen,
Es hat den Übermut gedämpft,
Der mich Giganten gleich bezwungen,
Hat glühend, wie die Reue kämpft,
Mit dem Dämone oft gerungen.

Schücking glaubte nach einer alten Aufzeichnung, daß Annette seiner Mutter ähnlich sehe und sie meinte oft, ihre eigenen Züge in dem jungen Freunde wieder zu entdecken. Dies Spiel der Natur war für beide, die sich gerne im Wunderbaren verloren, ein Zeichen ihrer Zusammengehörigkeit; – sie reichten sich im Gefühl einer ihnen von Gott auferlegten hohen Sendung zum gemeinsamen Wirken die Hand. Schücking warf zuweilen die Frage auf, welche Form der Dichtkunst das eigenste Talent seiner Freundin sei und pflegte dann die Lyrik zu nennen und hinzuzusetzen, daß die Stimmung, aus der lyrische Gedichte hervorzugehen pflegen, wie ein gutes Weinjahr mit Geduld und Demut erwartet werden müsse. Annette aber glaubte, sie könne die Lyrik kommandieren, und erklärte, sie würde, wenn sie gesund bleibe, in den nächsten Wochen mit Gottes Hilfe ein Bändchen lyrischer Gedichte schon zusammenbringen.

Als Schücking widersprach, bot sie ihm eine Wette an, zog sich in ihren Turm zurück, um sogleich ans Werk zu gehen. Nachmittags las sie triumphierend ihm und der Schwester das erste Gedicht vor, am nächsten Tage entstanden sogar zwei und so fort, täglich verlor Schücking seine Wette und erhielt eine Abfertigung für seinen gewagten Ausspruch. So entstand in jenem Winter von 1841-1842 die große Anzahl ihrer schönsten Gedichte. Wahrscheinlich waren es längst in ihrem Kopfe entstandene Dichtungen, die ohne diese Wette nie aufgeschrieben worden wären. Am 26. Januar 1842 meldet sie der Mutter: „Jeden Abend um 8 Uhr, wenn wir schon alle im Speisezimmer sind, Laßberg aber noch seine Partie erst ausspielt, lese ich Jenny und Schücking vor, was ich den Tag über geschrieben habe, sie sind beide sehr zufrieden damit, aber leider von so verschiedenem Geschmack, daß der eine sich immer über das am meisten freut, was dem anderen am wenigsten gelungen scheint, so daß sie mich ganz konfus machen könnten, und ich am Ende doch meinen eigenen Geschmack als letzte Instanz entscheiden lassen muß!"

Schücking sorgte dafür, daß diese Gedichte nicht im Schreibtisch liegen blieben. Er stand in Beziehung mit Cotta und dem damals einflußreichsten Blatte der schönen Literatur, dem „Morgenblatt". In dieser Zeitschrift vom März 1842 erschienen Annettes eben vollendete Gedichte und fast zugleich ihre „Judenbuche", so daß Annette v. Drostes Ruf sich schnell in Deutschland verbreitete und Schücking Pfingsten 1843 ihr aus Darmstadt schreiben konnte: „Ich finde, Mütterchen, daß Sie unterdes rasend berühmt geworden sind! Alles spricht von Ihnen, Menschen sogar, von denen man gar nicht glauben sollte, daß sie sich für Literatur interessierten!"

Das glückliche Beisammensein der beiden dauerte bis zum Frühling. Am 2. April 1842 verließ Schücking die Meersburg und begab sich als Erzieher der Söhne des Fürsten Wrede aus dessen Schloß nach Ellingen in Franken. Ende Juli verließ auch Annette die Meersburg, gesunder, arbeitsfreudiger und glücklicher als sie sich je gefühlt hatte. Ein Briefwechsel ersetzte den Freunden das Zusammensein und gibt Ausschluß über die ganze Innigkeit ihres freundschaftlichen Verkehrs, sowie über die Kraft der Empfindung und den Reichtum des Gemütes, den diese Frau in sich trug, den sie in jungen Jahren beherrschte und nun in diese Briefe ausströmen ließ. Trotz seiner Reinheit mußte die Größe und Tiefe dieses Freundschaftsbundes vor den Angehörigen verborgen bleiben. Frau v. Droste legte ihrer Umgebung stets eine gewisse Zurückhaltung aus, und auch dem gelehrten, ritterlichen Schwager gegenüber wagte Annette nie, sich ganz frei zu geben. Annette blieb auch in diesen Briefen Schückings Mütterchen, aber die Anrede schwankt zwischen Du und Sie und sie kommt wieder und wieder aus das Geständnis zurück: „Mein Talent steigt und stirbt mit Deiner Liebe, was ich werde, werde ich durch Dich und um Deinetwillen, sonst wäre es mir viel lieber und bequemer, mir innerlich allein etwas vorzudichten. –

Ich bin wieder in der fruchtbaren Stimmung, wo die Gedanken und Bilder mir ordentlich gegen den

Hirnschädel pochen und mit Gewalt ans Licht wollen. – Mich dünkt, könnte ich Dich alle Tage nur zwei Minuten sehen, – o Gott, nur einen Augenblick, – dann würde ich jetzt singen, daß die Lachse aus dem Bodensee sprängen und die Möwen sich mir auf die Schulter setzten!"

Erst diese vertrauten Briefe an Schücking zeigen völlig, wie nahe Annettes edle Freundschaft der Liebe kam, freilich einer so gänzlich uneigennützigen Liebe, wie sie nur einer so natürlichen und doch die Natur beherrschenden Persönlichkeit wie Annette geworden, zu empfinden möglich war.

In dem genannten Roman Schückings, der auf der Meersburg mit Annettes Hilfe entstand, läßt sie das vornehme Stiftsfräulein zu ihrem jungen Schützling sagen: „Ich will wie eine Verwandte für Sie sorgen, ich will Sie wie einen Bruder lieb haben – ich will jemand haben für den ich sorgen kann wie ein Weib, an dem ich eine geistige Stütze habe; denn meine Umgebung reicht für mich nicht aus. Aber wenn ich auch so gedankenarm wäre, wie eine Köchin, es wäre doch dasselbe, ich will jemand haben, der mein ist, und dem ich wie einem geduldigen Kamele alles auspacken kann, was an Liebe und Wärme, an Drang zu hegen und zu pflegen, zu beschützen und zu leiten in mir ist und übersprudelt. Aber wenn Sie deshalb glauben, oder sich jemals einbilden, ich wäre verliebt in Sie, ich wäre eine Törin und würfe mich Ihnen an den Hals, so sind Sie nicht nur ein eitler Geck, sondern sie sind etwas Schlimmeres, ein verdorbener Mensch, der von einem reinen und edlen Verhältnis keinen Begriff hat!" Schücking war kein solcher Geck, er hat in Annette zeitlebens stets nur die beste Freundin gesehen, die ihm das Leben gegönnt hat. Er verlobte und verheiratete sich 1843 mit Louise Gall, einer jungen schönen Schriftstellerin, und der Briefwechsel mit Annette läßt in die ganz einzige Art blicken, wie diese die Braut ihres Freundes in ihr Herz aufnahm und an sich zu ziehen suchte. Das junge Paar wurde nach der Meersburg eingeladen und verweilte dort einige Wochen, aber dies Zusammensein knüpfte leider das Band nicht inniger, sondern scheint vielmehr die Frauen voneinander entfernt zu haben. Als sie voneinander schieden, sang Annette ihnen mit tiefer, inniger Bewegung ein Lebewohl nach.

Lebt wohl

Lebt wohl, es kann nicht anders sein!
Spannt flatternd eure Segel aus,
Laßt mich in meinem Schloß allein,
Im öden geisterhaften Haus.

Lebt wohl und nehmt mein Herz mit euch
Und meinen letzten Sonnenstrahl;
Er scheide, scheide nur sogleich,
Denn scheiden muß er doch einmal.

Laßt mich an meines Sees Bord,
Mich schaukelnd mit der Wellen Strich,
Allein mit meinem Zauberwort,
Dem Alpengeist und meinem Ich.

Verlassen, aber einsam nicht,
Erschüttert, aber nicht zerdrückt,
Solange noch das heil'ge Licht
Auf mich mit Liebesaugen blickt.

Solange mir der frische Wald
Aus jedem Blatt Gesänge rauscht,
Aus jeder Klippe, jedem Spalt
Befreundet mir der Elfe lauscht.

Solange noch der Arm sich frei
Und waltend mir zum Äther streckt,
Und jedes wilden Geiers Schrei
In mir die wilde Muse weckt.

Schücking gab 1844 bei Cotta Annettes Werke in neuer Sammlung heraus und begründete dadurch ihre besondere Stellung in der Literatur, die ihr nun fast sogleich von allen Seiten zuerkannt wurde. Annette besang ihren Erfolg:

„Nur als ich, entmutigt ganz,
Gedanken flattern ließ wie Flocken,
Da plötzlich fiel aus meine Locken
Ein junger frischer Lorbeerkranz!"

Die späte Anerkennung befestigte nur ihren Entschluß, nie auf äußere Wirkung hin zu arbeiten und keinem anderen Lehrmeister als der ewig wahren Natur zu folgen.

Mehr und mehr wurde die Dichterin gezwungen, ihrer Gesundheit wegen Rüschhaus mit der Meersburg zu vertauschen. Diese Rücksicht mag wohl der Grund gewesen sein, daß sie eines Tages halb durch Zufall Besitzerin eines Weinberges wurde, der dicht an den Laßbergschen Besitz anschloß. Sie schreibt darüber an Schücking: „Ich habe mich durch die Billigkeit des Preises verleiten lassen, das am Wege zum Frieden liegende Fürstenhäuschen mit allen dazu gehörigen Reben zu kaufen, allerdings wohlfeil, aber doch um weit mehr, als einen jährlichen Betrag meiner Leibrente, weshalb ich eine Anleihe bei meinem Bruder machen mußte. Dafür habe ich nun freilich bei allen denkbaren Wechselfällen ein niedliches Asyl, – und zwar in der Luft, die mir allein zusagt und endlich wohl meine heimische werden muß, dabei in guten Jahren einen Weinertrag. Die Vorteile des Kaufs kommen erst später. – Dennoch bin ich überglücklich und die Aussicht auf mein künftiges kleines Tuskulum macht mir alles leicht." Zurückgekehrt nach Rüschhaus fand sie dort das Honorar von Cotta für ihre Gedichte mit einem Briefe von Schücking vor und konnte selber nun den Kaufpreis für ihren Weinberg bezahlen.

Rüschhaus, das ihren Freunden als der unveränderlichste Ort der Welt vorkam, hatte inzwischen nach ihrer Auffassung schmerzliche Wandlungen erfahren. Nicht nur ihr geistlicher Freund der Vikar Wilmsen war gestorben, auch ihre alte Amme, der sie noch soeben in ihren „Grüßen" gedacht hatte, erlag bald nach ihrer Heimkehr einem Schlaganfall. Annette vermißte die treuen Seelen schmerzlich. Elise Rüdiger, die ihr sehr wert geworden war, mußte ihrem Gatten nach

Minden folgen, wohin dieser versetzt worden war. Ein Briefwechsel mußte auch ihnen das persönliche Zusammensein ersetzen. Todesfälle in der Familie, Erkrankungen im Hause des Bruders, eigenes Unwohlsein bedrückten ihre Seele. Dazu kam das Erscheinen von Schückings Roman: „Die Ritterbürtigen", in dem der Dichter den westfälischen Adel schilderte und Vorfälle und Eigenheiten enthüllte, die er nach Anschauung der Leser nur durch eine, in adligen Kreisen sehr vertraute Persönlichkeit erfahren haben konnte. Man beschuldigte Annette – deren vertrauter Umgang mit Schücking bekannt war – dieser Mitteilungen. Die feinfühlige Dichterin war tief gekränkt; ob und was sie darüber an Schücking geschrieben hat, ist nicht bekannt geworden, jedenfalls trat zwischen den einstigen Freunden eine dauernde Entfremdung ein, die wohl der stärkste Schmerz ihres Lebens war. Ein gewisser Ersatz ward ihr zuteil: in dieser Zeit trat ihr Schlüter wieder näher; fünf Jahre hatte der Briefwechsel gestockt; im März 1846 nahmen sie ihn wieder auf. Von neuem werden Bücher und Urteile ausgetauscht, aber Annettes Kräfte reichten nicht mehr aus für stärkere Anteilnahme. – Die Mutter, die durch den Tod eines geliebten Bruders sehr erschüttert war, reiste im Juli nach Meersburg, Annette blieb in völliger Einsamkeit in Rüschhaus zurück, um eine Kur bei einem Homöopathen in Münster durchzumachen – nur Professor Schlüter wußte um ihren Aufenthalt. Ende August ging sie endlich auf dringendes Bitten der Geschwister zu dem Bruder nach Hülshoff: „Ich fürchte einiges Heimweh nach Rüschhaus," schrieb sie an Schlüter, „es bleibt hier gar vieles zurück, viel Erinnerungen, viel Träume, mein ganzes liebes Zusammenleben mit mir selbst unter blauem Himmel und Waldesgrün, aber ich habe meinen guten Bruder schon so oft mit Ausflüchten heimgeschickt, daß ich fühlen muß, es geht nicht mehr ohne wirklich ernstliche Verletzung seiner Liebe und Geduld."

Sie kam krank dort an, so daß man sie sofort zu Bette brachte. Doch trotz aufmerksamster Pflege verschlimmerte sich ihr Zustand derartig, daß man fürchtete, sie würde in westfälischer Luft den Winter nicht überleben; und sie selbst verlangte nach der Meersburg gebracht zu werden, um bei den Ihrigen zu sterben. — Die Reise war eine Kette von Leiden; in einem Brief an E. Rüdiger, zu dem sie erst fünf Monate später die Kraft fand, hat sie diese Reise geschildert. Sie hatte sich aufrecht erhalten, um der Mutter die Abreise zu ermöglichen, kaum fand sie sich jedoch allein, als sie wie ein Taschenmesser zusammenklappte. „Ach, lieb Lies, da war Rüschhaus gar kein liebes heimliches Winkelchen mehr! Ich sah den ganzen Tag nur die niedrigen Balken meines Schlafzimmers und außer dreimal am Tage sah keine Seele nach mir, da die Ernte im Gange war und auch die Köchin viel daran half. Von eins bis sieben war das Haus ringsum verschlossen, – ich mutterseelenallein darin, fiebernd und würgend. Bedurfte ich etwas Unvorhergesehenes, so mußte ich aus dem Bett klettern und mir selber Rat schaffen, oder wenn ich gerade im Fieberschweiß lag, geduldig aushalten bis zur Erlösungsstunde. Ich habe dies in meinem Eremitenleben sonst auch schon mitgemacht, aber nicht krank. Dann freute mich die tiefe Einsamkeit – jetzt kam ich mir oft vor, wie ein armer Soldat, der sich auf dem Schlachtfelde verblutet!" Sie erholte sich wirklich noch einmal in Meersburg, aber sie mochte nichts mehr von Rezensionen oder kritischen Aufsätzen lesen oder hören: „Sie sind bei der jetzigen Parteiwut und überhandnehmenden persönlichen Antipathien und Sympathien immer einseitig, parteiisch und sehr häufig nicht einmal im Einklang mit dem eigenen Urteile des Schreibers," schrieb sie an Elise. Sie konnte nicht mehr genesen, aber sie wurde doch noch einmal wieder frei von Schmerzen und durfte auch im Mai 1847, der von besonderer Schönheit war, wieder ins Freie. Sie erfreute sich sogar, umgeben von zärtlichster Sorgfalt, noch eines ruhigen Sommers im Anblick der herrlichen Natur. Auch Herbst und Winter vergingen ohne Störung, und mit neuen Hoffnungen sahen die Ihrigen dem Frühling von 1848 entgegen. Aber der Völkerfrühling, in dem sie einen Umsturz alles Bestehenden zu erkennen fürchtete, brach ihre letzte Lebenskraft. Sie täuschte jedoch durch ihre Heiterkeit sowohl ihre Familie wie auch die Ärzte, die als Ursache ihres Leidens längst einen Herzfehler erkannt hatten, aber die Gefahr nicht so nahe glaubten. Zum Geburtstag ihres Schwagers Laßberg (10. April 1848) sendete sie ihm noch einen poetischen Gruß in sein Zimmer hinauf und am 24. Mai machte ein Herzschlag ihrem langen Leiden ein Ende. Unter ihren Gedichten findet sich eins, „Letzte Worte" betitelt, doch ist es zweifelhaft, ob dies oder das an Laßberg das letzte gewesen ist, das ihre Muse ihr eingab:

> Geliebte, wenn mein Geist geschieden,
> So weint mir keine Träne nach;
> Denn wo ich weile, dort ist Frieden,
> Dort leuchtet mir ein ew'ger Tag!
>
> Wo aller Erdengram verschwunden,
> Soll euer Bild mir nicht vergehn,
> Und Linderung für eure Wunden,
> Für euren Schmerz will ich erflehn.
>
> Weht nächtlich seine Seraphsflügel
> Der Friede übers Weltenreich,
> So denkt nicht mehr an meinen Hügel,
> Denn von den Sternen grüß' ich euch!

Man hat bedauert, daß die westfälische Dichterin nicht im Heimatsboden die letzte Ruhe fand, aber als sie ihr kleines Tuskulum so nahe am dortigen Friedhof erwarb, hat sie wohl selbst geglaubt, einst hier ruhen zu dürfen.

Sie gehörte als Dichterin nicht nur den Westfalen an, sondern ohne Unterschied allen Deutschen, allen, die nichts weiter als Menschen sein wollen. – Ihr Leben hat sich nur in engen Grenzen bewegt, aber ihr Gefühl hat nichtsdestoweniger den ganzen Umkreis reifen Lebens, besonders des Weibes, umfaßt und es mit der eigenen Glut beseelt. Heute ist die Mundartdichtung ein berechtigter Literaturzweig in Deutschland, deshalb kann auch Annette v. Droste, die sich der Volkssprache so oft und gern bediente, auf besseres Verständnis hoffen als einst. Der Mann, der sie besser als jeder andere kannte, der ihr oftmals den Wunsch nach emsigerer Feile aussprach, Levin Schücking, schrieb bei Herausgabe ihrer Gedichte: „Heute würde ich diesen Wunsch nicht mehr aussprechen, weil die Form viel mehr zum charakteristischen Wesen dieser unvergleichlichen Poesie gehört, als ich damals einsah. Auch drang ich mit meinen Wünschen wenig durch. Sint ut sunt, sagte selbstbewußt die Dichterin!" – Sie dachte wohl daran, daß alles Menschliche, unvollkommen wie es ist, ein Existenzrecht hat, weil es lebt! –

Gedichte vermischten Inhalts

> Meine Lieder werden leben,
> Wenn ich längst entschwand.
> Mancher wird vor innen beben,
> Der gleich mir empfand.
> Ob ein andrer sie gesehen,
> Oder meine Hand:
> Sieh, die Lieder durften leben.
> Aber ich entschwand!

Meine Toten

Wer eine ernste Fahrt beginnt,
Die Mut bedarf und frischen Wind,
Er schaut verlangend in die Weite
Nach eines treuen Auges Brand,
Nach einem warmen Druck der Hand,
Nach einem Wort, das ihn geleite.

Ein ernstes Wagen heb' ich an,
So tret' ich denn zu euch hinan,
Ihr meine stillen strengen Toten!
Ich bin erwacht an eurer Gruft,
Aus Wasser, Feuer, Erde, Luft
Hat eure Stimme mit geboten.

Wenn die Natur im Hader lag
Und durch die Wolkenwirbel brach
Ein Funke jener tausend Sonnen, –
Sprecht aus der Elemente Streit
Ihr nicht von einer Ewigkeit
Und unerschöpften Lichtes Bronnen?

Am Hange schlich ich, krank und matt,
Da habt ihr mir das welke Blatt
Mit Warnungsflüstern zugetragen,
Gelächelt aus der Welle Kreis,
Habt aus des Angers starrem Eis
Die Blumenaugen aufgeschlagen.

Was meine Adern muß durchziehn,
Sah ich's nicht flammen und verglühn,
An eurem Schreine nicht erhalten?
Vom Auge hauchtet ihr den Schein,
Ihr meine Richter, die allein
In treuer Hand die Wage halten.

Kalt ist der Druck von eurer Hand,
Erloschen eures Blickes Brand,
Und euer Laut der Öde Odem;
Doch keine andre Rechte drückt
So traut, so hat kein Aug' geblickt,
So spricht kein Wort, wie Grabesbrodem!

Ich fasse eures Kreuzes Stab
Und beuge meine Stirn hinab
Zu eurem Gräserhauch, dem stillen:
Zumeist geliebt, zuerst gegrüßt,
Laßt lauter, wie der Äther fließt,
Mir Wahrheit in die Seele quillen!

Das vierzehnjährige Herz

Er ist so schön! – sein lichtes Haar,
Das möcht' ich mit keinem vertauschen,
Wie seidene Fäden so weich und klar,
Wenn zarte Löckchen sich bauschen;
Oft streichl' ich es, dann lacht er traun,
Nennt mich „seine alberne Barbe";
Es ist nicht schwarz, nicht blond, nicht braun,
Nun ratet, wie nennt sich die Farbe?

Und seine Gebärde ist königlich,
Geht majestätisch zu Herzen,
Zuckt er die Braue, dann fürcht' ich mich
Und möchte auch weinen vor Schmerzen;
Und wieder seh' ich sein Lächeln blühn,
So klar wie das reine Gewissen,
Da möchte ich gleich auf den Schemel knien
Und die guten Hände ihm küssen.

Heut bin ich in aller Frühe erwacht,
Beim ersten Glitzern der Sonnen,
Und habe mich gleich auf die Sohlen gemacht
Zum Hügel drüben am Bronnen;
Erdbeeren fand ich, glüh wie Rubin,
Schau, wie im Korbe sie lachen!
Die stell' ich ihm nun an das Lager hin,
Da sieht er sie gleich beim Erwachen.

Ich weiß, er denkt mit dem ersten Blick:
„Das tat meine alberne Barbe!"
Und freundlich streicht er das Haar zurück
Von seiner rühmlichen Narbe,

Ruft mich bei Namen und zieht mich nah,
Daß Tränen die Augen mir trüben;
Ach, er ist mein herrlicher Vater ja,
Soll ich ihn denn nicht lieben, nicht lieben!

Junge Liebe

Über dem Brünnlein nicket der Zweig,
Waldvögel zwitschern und flöten,
Wild Anemon' und Schlehdorn bleich
Im Abendstrahle sich röten,
Und ein Mädchen mit blondem Haar
Beugt über der glitzernden Welle,
Schlankes Mädchen, kaum fünfzehn Jahr,
Mit dem Auge der scheuen Gazelle.

Ringelblumen blättert sie ab:
„Liebt er, liebt er mich nimmer?"
Und wenn „liebt" das Orakel gab,
Um ihr Antlitz gleitet ein Schimmer;
„Liebt er nicht" – o Grimm und Graus!
Daß der Himmel den Blüten gnade!
Gras und Blumen, den ganzen Strauß
Wirft sie zürnend in die Kaskade.

Gleitet dann in die Kräuter lind,
Ihr Auge wird ernst und sinnend;
Frommer Eltern heftiges Kind,
Nur Minne nehmend und minnend,
Kannte sie nie ein anderes Band
Als des Blutes, die schüchterne Hinde;

Und nun einer, der nicht verwandt –
Ist das nicht eine schwere Sünde?

Mutlos seufzet sie niederwärts
In argem Schämen und Grämen,
Will zuletzt ihr verstocktes Herz
Recht ernstlich in Frage nehmen.
Abenteuer sinnet sie aus:
Wenn das Haus nun stände in Flammen
Und um Hilfe riefen heraus
Der Karl und die Mutter zusammen?

Plötzlich ein Perlenregen dicht
Stürzt ihr glänzend aus beiden Augen,
In die Kräuter gedrückt ihr Gesicht,
Wie das Blut der Erde zu saugen,
Ruft sie schluchzend: „Ja, ja, ja!"
Ihre kleinen Hände sich ringen,
„Retten, retten würd' ich Mama
Und zum Karl in die Flamme springen!"

Brennende Liebe[1]

Und willst du wissen, warum
So sinnend ich manche Zeit,
Mitunter so töricht und dumm,
So unverzeihlich zerstreut,
Willst wissen auch ohne Gnade,

---

[1] *Crategus pyracantha,* auch sonst der „brennende Busch"
genannt.

Was denn so Liebes enthält
Die heimlich verschlossene Lade,
An die ich mich öfters gestellt?

Zwei Augen hab' ich gesehn,
Wie der Strahl im Gewässer sich bricht,
Und wo zwei Augen nur stehn,
Da denke ich an ihr Licht.
Ja, als du neulich entwandtest
Die Blume vom blühenden Rain
Und „*Oculus Christi*" sie nanntest,
Da fielen die Augen mir ein.

Auch gibt's einer Stimme Ton,
Tief, zitternd, wie Hornes Hall,
Die tut's mir völlig zum Hohn,
Sie folgt mir überall.
Als jüngst im flimmernden Saale
Mich quälte der Geigen Gegell,
Da hört' ich mit einem Male
Die Stimme im Violoncell.

Auch weiß ich eine Gestalt,
So leicht und kräftig zugleich,
Die schreitet vor mit im Wald
Und gleitet über den Teich;
Ja, als ich eben in Sinnen
Sah über des Mondes Aug'
Einen Wolkenstreifen zerrinnen,
Das war ihre Form wie ein Rauch.

Und höre, höre zuletzt,
Dort liegt, da drinnen im Schrein,

Ein Tuch mit Blute genetzt,
Das legte ich heimlich hinein.
Er ritzte sich nur an der Schneide,
Als Beeren vom Strauch er mir hieb,
Nun hab' ich sie alle beide,
Sein Blut und meine brennende Lieb'.

Am Turme

Ich steh' auf hohem Balkone am Turm,
Umstrichen vom schreienden Stare,
Und lass' gleich einer Mänade den Sturm
Mir wühlen im flatternden Haare;
O wilder Geselle, o toller Fant,
Ich möchte dich kräftig umschlingen
Und, Sehne an Sehne, zwei Schritte vom Rand
Aus Tod und Leben dann ringen!

Und drunten seh' ich am Strand, so frisch
Wie spielende Doggen, die Wellen
Sich tummeln rings mit Geklaff und Gezisch,
Und glänzende Flocken schnellen.
O, springen möcht' ich hinein alsbald,
Recht in die tobende Meute,
Und jagen durch den korallenen Wald
Das Walroß, die luftige Beute!

Und drüben seh' ich ein Wimpel wehn
So keck wie eine Standarte,
Seh' auf und nieder den Kiel sich drehn
Von meiner luftigen Warte;

O, sitzen möcht' ich im kämpfenden Schiff,
Das Steuerruder ergreifen
Und zischend über das brandende Riff
Wie eine Seemöwe streifen.

Wär' ich ein Jäger auf freier Flur,
Ein Stück nur von einem Soldaten,
Wär' ich ein Mann doch mindestens nur,
So würde der Himmel mir raten;
Nun muß ich sitzen so fein und klar,
Gleich einem artigen Kinde,
Und darf nur heimlich lösen mein Haar
Und lassen es flattern im Winde!

Im Moose

Als jüngst die Nacht dem sonnenmüden Land
Der Dämmrung leise Boten hat gesandt,
Da lag ich einsam noch in Waldes Moose.
Die dunklen Zweige nickten so vertraut,
An meiner Wange flüsterte das Kraut,
Unsichtbar duftete die Heiderose.

Und flimmern sah ich durch der Linde Raum
Ein mattes Licht, das im Gezweig der Baum
Gleich einem mächt'gen Glühwurm schien zu tragen.
Es sah so dämmernd wie ein Traumgesicht,
Doch wußte ich, es war der Heimat Licht,
In meiner eignen Kammer angeschlagen.

Ringsum so still, daß ich vernahm im Laub
Der Raupe Nagen, und wie grüner Staub
Mich leise wirbelnd Blätterflöckchen trafen.
Ich lag und dachte, ach! so manchem nach,
Ich hörte meines eignen Herzens Schlag,
Fast war es mir, als sei ich schon entschlafen.

Gedanken tauchten aus Gedanken auf,
Das Kinderspiel, der frischen Jahre Lauf,
Gesichter, die mir lange fremd geworden;
Vergeßne Töne summten um mein Ohr,
Und endlich trat die Gegenwart hervor,
Da stand die Welle, wie an Ufers Borden.

Dann, gleich dem Bronnen, der verrinnt im Schlund
Und drüben wieder sprudelt aus dem Grund,
So stand ich plötzlich in der Zukunft Lande;
Ich sah mich selber, gar gebückt und klein,
Geschwächten Auges, am ererbten Schrein
Sorgfältig ordnen staub'ge Liebespfande.

Die Bilder meiner Lieben sah ich klar
In einer Tracht, die jetzt veraltet war,
Mich sorgsam lösen aus verblichnen Hüllen,
Löckchen, vermorscht, zu Staub zerfallen schier,
Sah über die gefurchte Wange mir
Langsam herab die karge Träne quillen.

Und wieder an des Friedhofs Monument,
Dran Namen standen, die mein Lieben kennt,
Da lag ich betend, mit gebrochnen Knieen,

Und – horch, die Wachtel schlug! kühl strich der Hauch –
Und noch zuletzt sah ich, gleich einem Rauch,
Mich leise in der Erde Poren ziehen.

Ich fuhr empor und schüttelte mich dann,
Wie einer, der dem Scheintod erst entrann,
Und taumelte entlang die dunklen Hage,
Noch immer zweifelnd, ob der Stern am Rain
Sei wirklich meiner Schlummerlampe Schein,
Oder das ew'ge Licht am Sarkophage.

Der Brief aus der Heimat

Sie saß am Fensterrand im Morgenlicht
Und starrte in das aufgeschlagne Buch,
Die Zeilen zählte sie und wußt' es nicht,
Ach weithin, weithin der Gedanken Flug!
Was sind so ängstlich ihre nächt'gen Träume?
Was scheint die Sonne durch so öde Räume?
– Auch heute kam kein Brief, auch heute nicht.

Seit Wochen weckte sie der Lampe Schein,
Hat bebend an der Stiege sie gelauscht,
Wenn plötzlich am Gemäuer knackt der Schrein,
Ein Fensterladen auf im Winde rauscht, –
Es kommt, es naht, die Sorgen sind geendet!
Sie hat gefragt, sie hat sich abgewendet
Und schloß sich dann in ihre Kammer ein.

Kein Lebenszeichen von der liebsten Hand,
Von jener, die sie sorglich hat gelenkt,
Als sie zum erstenmal zu festem Stand
Die zarten Kinderfüßchen hat gesenkt;
Versprengter Tropfen von der Quelle Rande,
Harrt sie vergebens in dem fremden Lande;
Die Tage schleichen hin, die Woche schwand.

Was ihre rege Phantasie geweckt?
Ach, eine Leiche sah die Heimat schon,
Seit sie den unbedachten Fuß gestreckt
Auf fremden Grund und hörte fremden Ton;
Sie küßte scheidend jung' und frische Wangen,
Die setzt von tiefer Grabesnacht umfangen;
Ist's Wunder, daß sie tödlich aufgeschreckt?

In Träumen steigt das Krankenbett empor,
Und Züge dämmern, wie in halber Nacht;
Wer ist's? – sie weiß es nicht und spannt das Ohr,
Sie horcht mit ihrer ganzen Seele Macht;
Dann fährt sie plötzlich auf beim Windesrauschen
Und glaubt dem matten Stöhnen noch zu lauschen
Und kann erst spät begreifen, daß sie wacht.

Doch sieh, dort fliegt sie übern glatten Flur,
Ihr aufgelöstes Haar umfließt sie rund,
Und zitternd ruft sie, mit des Weinens Spur:
„Ein Brief, ein Brief, die Mutter ist gesund!"
Und ihre Tränen stürzen wie zwei Quellen,
Die übervoll aus ihren Ufern schwellen;
Ach, eine Mutter hat man einmal nur!

Die Bank

Im Parke weiß ich eine Bank,
Die schattenreichste nicht von allen,
Nur Erlen lassen, dünn und schlank,
Darüber karge Streifen wallen;
Da sitz' ich manchen Sommertag
Und lass' mich rösten von der Sonnen,
Rings keiner Quelle Plätschern wach,
Doch mir im Herzen springt der Bronnen.

Dies ist der Fleck, wo man den Weg
Nach allen Seiten kann bestreichen,
Das staub'ge Gleis, den grünen Steg
Und dort die Lichtung in den Eichen:
Ach manche, manche liebe Spur
Ist unterm Rade aufgeflogen!
Was mich erfreut, bekümmert, nur
Von drüben kam es hergezogen.

Du frommer Greis im schlichten Kleid,
Getreuer Freund seit zwanzig Jahren,
Dem keine Wege schlimm und weit,
Galt es den heil'gen Dienst zu wahren:
Wie oft sah ich den schweren Schlag
Dich drehn mit ungeschickten Händen
Und langsam steigend nach und nach
Dein Käppchen an des Dammes Wänden.

Und du in meines Herzens Grund,
Mein lieber schlanker, blonder Junge,
Mit deiner Büchs' und braunem Hund,
Du klares Aug' und muntre Zunge,

Wie oft hört' ich dein Pfeifen nah,
Wenn zu der Dogge du gesprochen,
Mein lieber Bruder warst du ja,
Wie sollte mir das Herz nicht pochen?

Und manches, was die Zelt verweht,
Und manches, was sie ließ erkalten,
Wie Banquos Königsreihe geht
Und trabt es aus des Waldes Spalten.
Auch was mir noch geblieben und
Was neu erblüht im Lebensgarten,
Der werten Freunde heitrer Bund,
Von drüben muß ich ihn erwarten.

So sitz' ich Stunden wie gebannt,
Im Gestern halb und halb im Heute,
Mein gutes Fernrohr in der Hand
Und lass' es streifen durch die Weite.
Am Damme steht ein wilder Strauch,
O, schmählich hat mich der betrogen!
Rührt ihn der Wind, so mein' ich auch,
Was Liebes komme hergezogen!

Mit jedem Schritt weiß er zu gehn,
Sich anzuformen alle Züge.
So mag er denn am Hange stehn,
Ein wert Phantom, geliebte Lüge;
Ich aber hoffe für und für,
So fern ich mich des Lebens freue,
Zu rösten an der Sonne hier,
Geduld'ger Märtyrer der Treue.

Die Taruswand

Ich stehe gern vor dir,
Du Fläche schwarz und rauh,
Du schartiges Visier
Vor meines Liebsten Brau',
Gern mag ich vor dir stehen,
Wie vor grundiertem Tuch,
Und drüber gleiten sehen
Den bleichen Krönungszug;

Als mein die Krone hier,
Von Händen, die nun kalt;
Als man gesungen mit
In Weisen, die nun alt –
Vorhang am Heiligtume,
Mein Paradiesestor,
Dahinter alles Blume
Und alles Dorn davor.

Denn jenseits weiß ich sie,
Die grüne Gartenbank,
Wo ich das Leben früh
Mit glühen Lippen trank,
Als mich mein Haar umwallte
Noch golden wie ein Strahl,
Als noch mein Ruf erschallte,
Ein Hornstoß, durch das Tal.

Das zarte Efeureis,
So Liebe pflegte dort,
Sechs Schritte – und ich weiß,
Ich weiß dann, daß es fort.

So will ich immer schleichen
Nur an dein dunkles Tuch
Und achtzehn Jahre streichen
Aus meinem Lebensbuch.

Du starrtest damals schon
So düster treu wie heut,
Du, unsrer Liebe Thron
Und Wächter manche Zeit;
Man sagt, daß Schlaf, ein schlimmer,
Dir aus den Nadeln raucht –
Ach, wacher war ich nimmer,
Als rings von dir umhaucht!

Nun aber bin ich matt
Und möcht' an deinem Saum
Vergleiten, wie ein Blatt,
Geweht vom nächsten Baum;
Du lockst mich wie ein Hafen,
Wo alle Stürme stumm,
O, schlafen möcht' ich, schlafen
Bis meine Zeit herum!

Die Nadel im Baume

Vorzeiten, ich war schon groß genug,
Hatt' die Kinderschuhe vertreten,
Nicht alt war ich, doch eben im Zug,
Zu Sankt Andreas zu beten,
Da bin ich gewandelt Tag für Tag
Das Feld entlang mit der Kathi;

Ob etwas Liebes im Wege lag?
Tempi passati – passati!

Und in dem Heideland stand ein Baum,
Eine schlanke schmächtige Erle,
Da saßen wir oft in wachendem Traum
Und horchten dem Schlage der Merle;
Die hatte ihr struppiges Nest gebaut
Grad in der schwankenden Krone,
Und hat so keck hernieder geschaut
Wie ein Gräflein vom winzigen Throne.

Wir kosten so viel und gingen so lang,
Daß drüber der Sommer verflossen;
Dann hieß es: „Scheiden, o weh wie bang!"
Viel Tränen wurden vergossen;
Die Hände hielten wir stumm gepreßt,
Da zog ich aus flatternder Binde
Eine blanke Nadel und drückte fest,
Sie fest in die saftige Rinde.

Und drunter merkte ich Tag und Stund',
Dann sind wir fürder gezogen,
So kläglich schluchzend aus Herzensgrund,
Daß schreiend die Merle entflogen;
O, junge Seelen sind Königen gleich,
Sie können ein Peru vergeuden,
Im braunen Heid, unterm grünen Zweig,
Ein Peru an Lieben und Leiden.

Die Jahre verglitten mit schleichendem Gang,
Verrannen gleich duftiger Wolke,
Und wieder zog ich das Feld entlang

Mit jungem lustigem Volke;
Die schleuderten Stäbe, und schrieen „Hallo!"
Die sprudelten Witze wie Schloßen,
Mir ward's im Herzen gar keck und froh,
Mutwillig wie unter Genossen.

Da plötzlich rauscht es im dichten Gezweig;
„Eine Merle," rief's, „eine Merle!"
Ich fuhr empor – ward ich etwa bleich?
Ich stand an der alternden Erle;
und rückwärts zog mir's den Schleier vom Haar,
Ach Gott, ich erglühte wie Flamme,
Als ich sah, daß die alte Nadel es war,
Meine rostige Nadel im Stamme!

Drauf hab' ich genommen ganz still in Schau
Die Inschrift zu eigenem Frommen,
Und fühlte dann plötzlich, es steige der Tau
Und werde mir schwerlich bekommen.
Ich will nicht klagen, mir blieb ein Hort,
Den rosten nicht Wetter und Wogen;
Allein für immer, für immer ist fort
Der Schleier vom Auge gezogen.

Spätes Erwachen

Wie war mein Dasein abgeschlossen,
Als ich im grünumhegten Haus
Durch Lerchenschlag und Fichtensprossen
Noch träumt' in den Azur hinaus!

Als keinen Blick ich noch erkannte,
Als den des Strahles durchs Gezweig,
Die Felsen meine Brüder nannte,
Schwester mein Spiegelbild im Teich!

Nicht rede ich von jenen Jahren,
Die dämmernd uns die Kindheit beut, –
Nein, so verdämmert und zerfahren
War meine ganze Jugendzeit!

Wohl sah ich freundliche Gestalten
Am Horizont vorüberfliehn;
Ich konnte heiße Hände halten
Und heiße Lippen an mich ziehn;

Ich hörte ihres Grußes Pochen,
Ihr leises Wispern um mein Haus
Und sandte schwimmend, halbgebrochen,
Nur einen Seufzer halb hinaus.

Ich fühlte ihres Hauches Fächeln
Und war doch keine Blume süß;
Ich sah der Liebe Engel lächeln,
Und hatte doch kein Paradies.

Mir war, als habe in den Noten
Sich jeder Ton an mich verwirrt,
Sich jede Hand, die mir geboten,
Im Dunkel wunderlich verirrt.

Verschlossen blieb ich, eingeschlossen
In meiner Träume Zauberturm,

Die Blitze waren mir Genossen
Und Liebesstimme mir der Sturm.

Dem Wald ließ ich ein Lied erschallen,
Wie nie vor einem Menschenohr,
Und meine Träne ließ ich fallen,
Die heiße, in den Blumenflor.

Und alle Pfade mußt' ich fragen:
Kennt Vögel ihr und Strahlen auch?
Doch keinen: wohin magst du tragen,
Von welchem Odem schwillt dein Hauch?

Wie ist das andere nun geworden,
Seit ich ins Auge dir geblickt;
Wie ist nun jeder Welle Borden
Ein Menschenbildnis eingedrückt!

Wie fühl' ich allen warmen Händen
Nun ihre leisen Pulse nach,
Und jedem Blick sein scheues Wenden
Und jeder schweren Brust ihr Ach.

Und alle Pfade möcht' ich fragen:
Wo zieht ihr hin, wo ist das Haus,
In dem lebend'ge Herzen schlagen,
Lebend'ger Odem schwillt hinaus?

Entzünden möcht' ich alle Kerzen
Und rufen jedem müden Sein:
Aus ist mein Paradies im Herzen,
Zieht alle, alle nun hinein!

Auch ein Beruf

Die Abendröte war zerflossen,
Wir standen an des Weihers Rand,
Und ich hielt meine Hand geschlossen
Um ihre kleine kalte Hand.
„So müssen wir denn wirklich scheiden?
Das Schicksal würfelt mit uns beiden,
Wir sind wie herrenloses Land.

„Von keines Herdes Pflicht gebunden,
Meint jeder nur, wir seien, grad'
Für sein Bedürfnis nur erfunden,
Das hilfbereite fünfte Rad.
Was hilft es uns, daß frei wir stehen,
Auf keines Menschen Hände sehen?
Man zeichnet dennoch uns den Pfad.

„Wo dicht die Bäume sich verzweigen
Und um den schlanken Stamm hinab
Sich tausend Nachbaräste neigen,
Da schreitet schnell der Wanderstab.
Doch drüben sieh die einzle Linde,
Ein jeder schreibt in ihre Rinde,
Und jeder bricht ein Zweiglein ab.

„O hätten wir nur Mut, zu walten
Der Gaben, die das Glück beschert!
Wer dürft' uns hindern? wer uns halten?
Wer kümmern uns den eignen Herd?
Wir leiden nach dem alten Rechte,
Daß, wer sich selber macht zum Knechte,
Nicht ist der goldnen Freiheit wert.

„Zieh hin, wie du berufen worden,
In der Campagna Glut und Schweiß,
Und ich will ziehn nach meinem Norden,
Zu siechen unter Schnee und Eis.
Nicht würdig sind wir beßrer Tage,
Denn wer nicht kämpfen mag, der trage,
Dulde, wer nicht zu handeln weiß."

So ward an Weihers Rand gesprochen,
Im Zorne halb und halb in Pein;
Wir hätten gern den Stab gebrochen
Ob all den kleinen Tyrannein.
Und als die Regenwolken stiegen,
Da bahnten wir erst mit Vergnügen
Uns in den Ärger recht hinein.

Solang die Tropfen einzeln fielen,
War's Naphthaöl in unsern Trutz;
Auch eins von des Geschickes Spielen,
Zum Schaden uns und keinem nutz!
Doch als der Himmel Schloßen streute,
Da machten wir's wie andre Leute,
Und suchten auch der Linde Schutz.

Dort stand ein Häuflein dicht beisammen,
Sich schauernd unterm Blätterdach;
Die Wolke zuckte Schwefelflammen
Und jagte Regenstriemen nach.
Wir hörten's auf den Blättern springen,
Jedoch kein Tropfen konnte dringen
In unser laubiges Gemach.

Fürwahr ein armes Häuflein war es,
Was hier dem Wettersturm entrann;
Ein hagrer Jud' gebleichten Haares,
Mit seinem Hund ein blinder Mann,
Ein Schuladjunkt im magern Fracke
Und dann mit seinem Bettelsacke
Der kleine hinkende Johann.

Und alle sahn bei jedem Stoße
Behaglich an den Stamm hinauf,
Rückten die Bündelchen im Schoße
Und drängten lächelnd sich zuhauf;
Denn wie so hohler schlug der Regen,
So breiter warf dem Sturm entgegen
Der Baum die grünen Schirme auf.

Wie kämpfte er mit allen Gliedern,
Zu schützen, was sich ihm vertraut!
Wie freudig rauscht er, zu erwidern
Den Glauben, der auf ihn gebaut!
Ich fühlte seltsam mich befangen;
Beschämt, mit hocherglühten Wangen,
Hab' in die Krone ich geschaut.

Des Baums, der keines Menschen Eigen,
Verloren in der Heide stand,
Nicht Früchte trug in seinen Zweigen,
Nicht Nahrung für des Herdes Brand;
Der nur aus Gottes Wink entsprossen
Dem fremden Haupte zum Genossen,
Dem Wandrer in der Steppe Sand.

Zur Freundin sah ich, sie herüber,
Wir dachten Gleiches wohl vielleicht,
Denn ihre Mienen waren trüber
Und ihre lieben Augen feucht.
Doch haben wir kein Wort gesprochen,
Vom Baum ein Zweiglein nur gebrochen
Und still die Hände uns gereicht.

An die Schriftstellerinnen in Deutschland und Frankreich

Ihr steht so nüchtern da gleich Kräuterbeeten,
Und ihr gleich Fichten, die zerspellt von Wettern,
Haucht wie des Hauches Hauch in Syrinxflöten –
Laßt wie Dragoner die Trompeten schmettern;
Der kann ein Schattenbild die Wange röten –
Die wirst den Handschuh Zeus und allen Göttern;
Ward denn der Führer euch nicht angeboren ,
In eigner Brust, daß ihr den Pfad verloren?

Schaut auf! zur Rechten nicht – durch Tränengründe,
Mondscheinalleen und blasse Nebeldecken,
Wo einsam die veraltete Selinde
Zur Luna mag die Lilienarme strecken;
Glaubt, zur Genüge hauchten Seufzerwinde,
Längst überfloß der Sehnsucht Tränenbecken;
An eurem Hügel mag die Hirtin klagen
Und seufzend drauf ein Gänseblümchen tragen.

Doch auch zur Linken nicht – durch Winkelgassen,
Wo tückisch nur die Diebslaternen blinken,
Mit mildem Druck euch rohe Hände fassen
Und Schmollis Wüstling euch und Schwelger trinken, –
Zum Bacchanal der Sinne, wo die blassen
Betäubten Opfer in die Rosen sinken
Und endlich, eures Sarges letzte Ehre,
Man drüber legt die Kränze der Hetäre.

O dunkles Los! o Preis, mit Schmach gewonnen,
Wenn Ruhmesstaffel wird der Ehre Bahre!
Grad' grade geht der Pfad, wie Strahl der Sonnen,
Grad' wie die Flamme lodert vom Altare,
Grad', wie Natur das Berberroß zum Bronnen
Treibt mitten durch die Wirbel der Sahare!
Ihr könnt nicht fehlen: er, so mild umlichtet,
Der Führer ward in euch nicht hingerichtet.

Treu schützte ihn der Länder fromme Sitte,
Die euch umgeben wie mit Heil'genscheine,
Sie hielt euch fern die freche Liebesbitte
Und legte Anathem auf das Gemeine.
Euch nahte die Natur mit reinem Schritte,
Kein trunkner Schwelger über Stock und Steine,
Ihr mögt ihr willig jedes Opfer spenden,
Denn alles nimmt sie, doch aus reinen Händen.

Die Zeit hat jede Schranke aufgeschlossen,
An allen Wegen hauchen Naphthablüten,
Ein reizend scharfer Duft hat sich ergossen,
Und jeder mag die eignen Sinne hüten.

Das Leben stürmt auf abgehetzten Rossen,
Die noch zusammenbrechend haun und wüten.
Ich will den Griffel eurer Hand nicht rauben,
Singt, aber zitternd, wie vorm Weih' die Tauben.

Ja, treibt der Geist euch, laßt Standarten ragen!
Ihr wurdet Zeugen wild bewegter Zeiten,
Was ihr erlebt, das läßt sich nicht erschlagen,
Feldbind' und Helmzier mag ein Weib bereiten;
Doch seht euch vor, wie hoch die Schwingen tragen.
Stellt nicht das Ziel in ungemeßne Weiten,
Der kecke Falk ist überall zu finden,
Doch einsam steigt der Aar aus Alpengründen.

Vor allem aber pflegt das anvertraute,
Das heil'ge Gut, gelegt in eure Hände,
Weckt der Natur geheimnisreichste Laute,
Kniet vor des Blutes gnadenvoller Spende;
Des Tempels pflegt, den Menschenhand nicht baute,
Und schmückt mit Sprüchen die entweihten Wände,
Daß dort, aus dieser Wirren Staub und Mühen,
Die Gattin mag, das Kind, die Mutter knien.

Ihr höret sie, die unterdrückten Klagen
Der heiligen Natur, geprägt zur Dirne.
Wer hat sie nicht gehört in diesen Tagen,
Wo nur ein Gott, der Gott im eignen Hirne?
Frisch auf! – Und will den Lorbeer man versagen,
O Glückliche mit unbekränzter Stirne!

O arm Gefühl, das sich nicht selbst kann lohnen!
Mehr ist ein Segen als zehntausend Kronen!

Mein Beruf

„Was meinem Kreise mich enttrieb,
Der Kammer friedlichem Gelasse?"
Das fragt ihr mich, als sei, ein Dieb,
Ich eingebrochen am Parnasse?
So hört denn, hört, weil ihr gefragt:
Bei der Geburt bin ich geladen,
Mein Recht, so weit der Himmel tagt,
Und meine Macht von Gottes Gnaden.

Jetzt, wo hervor der tote Schein
Sich drängt am modervollen Stumpfe,
Wo sich der schönste Blumenrain
Wiegt über dem erstorbnen Sumpfe,
Der Geist, ein blutlos Meteor,
Entflammt und lischt im Moorgeschwele,
Jetzt ruft die Stunde: „Tritt hervor,
Mann oder Weib, lebend'ge Seele!

„Tritt zu dem Träumer, den am Rand
Entschläfert der Datura Odem,
Der, langsam gleitend von der Wand,
Noch zucket gen den Zauberbrodem.
Und wo ein Mund zu lächeln weiß
Im Traum, ein Auge noch zu weinen,
Da schmettre laut, da flüstre leis
Trompetenstoß und West in Hainen!

„Tritt näher, wo die Sinnenlust
Als Liebe gibt ihr wüstes Ringen,
Und durch der eignen Mutter Brust
Den Pfeil zum Ziele möchte bringen,
Wo selbst die Schande flattert aus,
Ein luftiges Panier zum Siege,
Da rüttle hart: ‚Wach auf, wach auf,
Unsel'ger, denk' an deine Wiege!'

„Denk' an das Aug', das überwacht
Noch eine Freude dir bereitet,
Denk' an die Hand, die manche Nacht
Dein Schmerzenslager dir gebreitet,
Des Herzens denk, das einzig wund
Und einzig selig deinetwegen,
Und dann knie nieder auf den Grund
Und fleh' um deiner Mutter Segen!'

„Und wo sich träumen wie in Haft
Zwei einst so glüh ersehnte Wesen,
Als hab' ein Priesterwort die Kraft,
Der Panne seligsten zu lösen,
Da flüstre leise: ‚Wacht, o wacht!
Schaut in das Auge euch, das trübe,
Wo dämmernd sich Erinnrung sacht,
Und dann: wach auf, o heil'ge Liebe!"

„Und wo im Schlafe zitternd noch
Vom Opiat die Pulse klopfen,
Das Auge dürr, und gäbe doch
Sein Sonnenlicht um einen Tropfen, –
O, rüttle sanft: ‚Verarmter, senk'
Die Blicke in des Äthers Schöne,

Kos' einem blonden Kind und denk'
An der Begeistrung erste Träne."

So rief die Zeit, so ward mein Amt
Von Gottes Gnaden mir gegeben,
So mein Beruf mir angestammt,
Im frischen Mut, im warmen Leben;
Ich frage nicht, ob Ihr mich nennt,
Nicht frönen mag ich kurzem Ruhme,
Doch wißt: Wo die Sahara brennt,
Im Wüstensand, steht eine Blume,

Farblos und Duftes bar! Nichts weiß
Sie, als den frommen Tau zu hüten,
Und dem Verschmachtenden ihn leis
In ihrem Kelche anzubieten.
Vorüber schlüpft die Schlange scheu
Und Pfeile ihre Blicke regnen,
Vorüber rauscht der stolze Leu –
Allein der Pilger wird sie segnen!

An die Weltverbesserer

Pochest du an – poch nicht zu laut,
Eh' du geprüft des Nachhalls Dauer;
Drückst du die Hand – drück nicht zu traut,
Oh' du gefragt des Herzens Schauer!
Wirfst du den Stein – bedenke wohl,
Wie weit ihn deine Hand wird treiben;
Oft schreckt ein Echo, dumpf und hohl,

Reicht goldne Hand dir den Obol,
Oft trifft ein Wurf des Nachbars Scheiben.

Drum poche sacht, du weißt es nicht,
Was dir mag überm Haupte schwanken;
Drum drücke sacht, – der Augen Licht
Wohl siehst du, doch nicht der Gedanken.
Wirf nicht den Stein zu jener Höh',
Wo dir gestaltlos Form und Wege;
Und schnelltest du ihn einmal je,
So fall' auf deine Knie und fleh',
Daß ihn ein Gott berühren möge!

Abschied von der Jugend

Wie der zitternde Verbannte
Steht an seiner Heimat Grenzen,
Rückwärts er das Antlitz wendet,
Rückwärts seine Augen glänzen,
Winde, die hinüber streichen,
Vögel in der Luft beneidet,
Schaudernd vor der kleinen Scholle,
Die das Land vom Lande scheidet;

Wie die Gräber seiner Toten,
Seine Lebenden, die süßen,
Alle stehn am Horizonte,
Und er muß sie weinend grüßen;
Alle kleinen Liebesschätze,
Unerkannt und unempfunden,

Alle ihn wie Sünden brennen
Und wie ewig offne Wunden;

So an seiner Jugend Scheide
Steht ein Herz voll stolzer Träume,
Blickt in ihre Paradiese
Und der Zukunft öde Räume;
Seine Neigungen, verkümmert,
Seine Hoffnungen, begraben,
Alle stehn am Horizonte,
Wollen ihre Träne haben.

Und die Jahre, die sich langsam,
Tückisch reihten aus Minuten,
Alle brechen auf im Herzen,
Alle nun wie Wunden bluten;
Mit der armen kargen Habe,
Aus so reichem Schacht erbeutet,
Mutlos, ein gebrochner Wandrer,
In das fremde Land er schreitet.

Und doch ist des Sommers Garbe
Nicht geringer als die Blüten,
Und nur in der feuchten Scholle
Kann der frische Keim sich hüten;
Über Fels und öde Flächen
Muß der Strom, daß er sich breite,
Und es segnet Gottes Rechte
Übermorgen so wie heute.

Instinkt

Bin ich allein, verhallt des Tages Rauschen,
Im frischen Wald, im braunen Heideland,
Um mein Gesicht die Gräser nickend bauschen,
Ein Vogel flattert an des Nestes Rand,
Und mir zu Füßen liegt mein treuer Hund,
Gleich Feuerwürmern feine Augen glimmen –
Dann kommen mir Gedanken, ob gesund,
Ob krank, das mag ich selber nicht bestimmen.

Ergründen möcht' ich, ob das Blut, das grüne,
Kein Lebenspuls durch jene Kräuter trägt,
Ob Dionaea[2] um die kühne Biene
Bewußtlos ihre rauhen Netze schlägt,
Was in dem weißen Sterne[3] zuckt und greift,
Wenn er, die Fäden streckend, leise schaudert;
Und ob, vom Duft der Menschenhand gestreift,
Gefühllos ganz die Sensitive trauert?

Und wieder muß ich aus den Vogel sehen,
Der dort so zürnend seine Federn sträubt,
Mit kriegerischem Schrei mich aus den Nähen
Der nackten Brut nach allen Kräften treibt.
Was ist Instinkt? – tiefsten Gefühles Herd;
Instinkt trieb auch die Mutter zu dem Kinde,
Als jene Fürstin, von der Glut verzehrt[4],
Als Heil'ge ward posaunt in alle Winde.

---

[2] Dionaea muscipula, auch die „Fliegenfalle" genannt
[3] Sparrmannia.
[4] Beim Fest des Fürsten Schwarzenberg während des Wiener Kongresses

Und du, mein zott'ger Tremm, der schlafestrunken
Noch ob der Herrin wacht und durch das Grün
Läßt blinzelnd streifen seiner Blicke Funken,
Sag an, was deine klugen Augen glühn?
Ich bin es nicht, die deine Schale füllt,
Nicht gab der Nahrung Trieb dich mir zu eigen,
Und mit der Sklavenpeitsche kann mein Bild
Noch minder dir im dumpfen Hirne steigen.

Wer kann mir sagen, ob des Hundes Seele
Hinaufwärts, oder ob nach unten steigt? –
Und müde, müde drück ich in die Schmehle[5]
Mein Haupt, wo siedend der Gedanke steigt.
Was ist es, das ein hungermattes Tier
Mit dem gestohlnen Brote für das bleiche
Blutrünst'ge Antlitz, in das Waldrevier
Läßt flüchten und verschmachten bei der Leiche?

Das sind Gedanken, die uns könnten töten,
Den Geist betäuben, rauben jedes Glück,
Mit tausendfachem Mord die Hände röten,
Und leise schaudernd wend' ich meinen Blick.
O schlimme Zeit, die solche Gäste rief
In meines Sinnens harmlos lichte Bläue!
O schlechte Welt, die mich so lang und tief
Ließ grübeln über eines Pudels Treue!

---

[5] Heidegras

Meine Sträuße

So oft mir ward eine liebe Stund'
Unterm blauen Himmel im Freien,
Da habe ich, zu des Gedenkens Bund,
Mir Zeichen geflochten mit Treuen:
Einen schlichten Kranz, einen wilden Strauß,
Ließ drüber die Seele wallen;
Nun stehe ich einsam im stillen Haus
Und sehe die Blätter zerfallen.

Vergißmeinnicht mit dem Rosaband –
Das waren dämmrige Tage,
Als euch entwandte der Freundin Hand
Dem Weiher drüben am Hage;
Wir schwärmten in wirrer Gefühle Flut,
In sechzehnjährigen Schmerzen;
Nun schläft sie lange. – Sie war doch gut,
Ich liebte sie recht von Herzen!

Gar weite Wege hast du gemacht,
Camelia, staubige Schöne,
In deinem Kelche die Flöte wacht,
Trompeten und Zimbelgetöne;
Wie zitterten durch das grüne Revier
Buntfarbige Lampen und Schleier!
Da brach der zierliche Gärtner mir
Den Strauß beim bengalischen Feuer.

Dies Alpenröschen nährte mit Schnee
Ein eisgrau starrender Riese;
Und diese Tange entfischt' ich der See
Aus Muschelgescherbe und Kiese;

Er war ein volles, gesegnetes Jahr,
Die Trauben hingen gleich Pfunden,
Als aus der Rebe flatterndem Haar
Ich diesen Kranz mir gewunden.

Und ihr, meine Sträuße von wildem Heid',
Mit lockerem Halme geschlungen,
O süße Sonne, o Einsamkeit,
Die uns redet mit heimischen Zungen!
Ich hab' sie gepflückt an Tagen so lind,
Wenn die goldenen Käferchen spielen,
Dann fühlte ich mich meines Landes Kind,
Und die fremden Schlacken zerfielen.

Und wenn ich grüble an meinem Teich,
Im duftigen Moose gestrecket,
Wenn aus dem Spiegel mein Antlitz bleich
Mit rieselndem Schauer mich necket,
Dann lang' ich sachte, sachte hinab
Und fische die träufelnden Schmehlen;
Dort hängen sie, drüben am Fensterstab,
Wie arme vertrocknete Seelen.

So mochte ich still und heimlich mir
Eine Zauberhalle bereiten,
Wenn es dämmert dort, und drüben, und hier
Von den Wänden seh' ich es gleiten;
Eine Fei entschleicht der Camelia sich,
Liebesseufzer stöhnet die Rose,
Und wie Blutes Adern umschlingen mich
Meine Wasserfäden und Moose.

Die Unbesungenen

's gibt Gräber, wo die Klage schweigt
Und nur das Herz von innen blutet,
Kein Tropfen in die Wimper steigt
Und doch die Lava drinnen flutet;
's gibt Gräber, die wie Wetternacht
An unserm Horizonte stehn
Und alles Leben niederhalten
Und doch, wenn Abendrot erwacht,
Mit ihren goldnen Flügeln wehn
Wie milde Seraphimgestalten.

Zu heilig sind sie für das Lied
Und mächt'ge Redner doch vor allen,
Sie nennen dir, was nimmer schied,
Was nie und nimmer kann zerfallen;
O, wenn dich Zweifel drückt herab
Und möchtest atmen Ätherluft
Und möchtest schauen Seraphsflügel,
Dann tritt an deines Vaters Grab!
Dann tritt an deines Bruders Gruft!
Dann tritt an deines Kindes Hügel!

Grüße

Steigt mir in diesem fremden Lande
Die allbekannte Nacht empor,
Klatscht es wie Hufesschlag vom Strande,
Rollt sich die Dämmerung hervor,
Gleich Staubeswolken mir entgegen

Von meinem lieben starken Nord,
Und fühl' ich meine Locken regen
Der Luft geheimnisvolles Wort –

Dann ist es mir, als hör' ich reiten
Und klirren und entgegenziehn
Mein Vaterland von allen Seiten,
Und seine Küsse fühl' ich glühn;
Dann wird des Windes leises Munkeln
Mir zu verworrnen Stimmen bald,
Und jede schwache Form im Dunkeln
Zur tiefvertrautesten Gestalt.

Und meine Arme muß ich strecken,
Muß Küsse, Küsse hauchen aus,
Wie sie die Leiber könnten wecken,
Die modernden, im grünen Haus;
Muß jeden Waldeswipfel grüßen,
Und jede Heid' und jeden Bach,
Und alle Tropfen, die da fließen,
Und jedes Hälmchen, das noch wach.

Du, Vaterhaus, mit deinen Türmen,
Vom stillen Weiher eingewiegt,
Wo ich in meines Lebens Stürmen
So oft erlegen und gesiegt; –
Ihr breiten, laubgewölbten Hallen,
Die jung und fröhlich mich gesehn,
Wo ewig meine Seufzer wallen
Und meines Fußes Spuren stehn.

Du feuchter Wind von meinen Heiden,
Der wie verschämte Klage weint,

Du Sonnenstrahl, der so bescheiden
Auf ihre Kräuter niederscheint; –
Ihr Gleise, die mich fortgetragen,
Ihr Augen, die mir nachgeblinkt,
Ihr Herzen, die mir nachgeschlagen,
Ihr Hände, die mir nachgewinkt.

Und Grüße, Grüße, Dach, wo nimmer
Die treuste Seele mein vergißt
Und jetzt bei ihres Lämpchens Schimmer
Für mich den Abendsegen liest,
Wo bei des Hahnes erstem Krähen
Sie matt die graue Wimper streicht
Und einmal noch vor Schlafengehen
An mein verlaßnes Lager schleicht.

Ich möcht' euch alle an mich schließen,
Ich fühl' euch alle um mich her;
Ich möchte mich in euch ergießen,
Gleich siechem Bache in das Meer.
O wüßtet ihr, wie krank gerötet,
Wie fieberhaft ein Äther brennt,
Wo keine Seele für uns betet,
Und keiner unsre Toten kennt!

Mondesaufgang

An des Balkones Gitter lehnte ich
Und wartete, du mildes Licht, auf dich.
Hoch über mir, gleich trübem Eiskristalle,
Zerschmolzen schwamm des Firmamentes Halle;

Der See verschimmerte mit leisem Dehnen, –
Zerfloßne Perlen oder Wolkentränen?
Es rieselte, es dämmerte um mich,
Ich wartete, du mildes Licht, auf dich.

Hoch stand ich, neben mir der Linden Kamm,
Tief unter mir Gezweige, Ast und Stamm;
Im Laube summte der Phalänen Reigen,
Die Feuerfliege sah ich glimmend steigen,
Und Blüten taumelten wie halb entschlafen;
Mir war, als treibe hier ein Herz zum Hafen,
Ein Herz, das übervoll von Glück und Leid
Und Bildern seliger Vergangenheit.

Das Dunkel stieg, die Schatten drangen ein, –
Wo weilst du, weilst du denn, mein milder Schein –
Sie drangen ein wie sündige Gedanken,
Des Firmamentes Woge schien zu schwanken,
Verzittert war der Feuerfliege Funken,
Längst die Phaläne an den Grund gesunken,
Nur Bergeshäupter standen hart und nah,
Ein düstrer Richterkreis, im Düster da.

Und Zweige zischelten an meinem Fuß
Wie Warnungsflüstern oder Todesgruß;
Ein Summen stieg im weiten Wassertale
Wie Volksgemurmel vor dem Tribunale;
Mir war, als müßte etwas Rechnung geben,
Als stehe zagend ein verlornes Leben,
Als stehe ein verkümmert Herz allein,
Einsam mit seiner Schuld und seiner Pein.

Da auf die Wellen sank ein Silberflor,
Und langsam stiegst du, frommes Licht, empor;
Der Alpen finstre Stirnen strichst du leise,
Und aus den Richtern wurden sanfte Greise,
Der Wellen Zucken ward ein lächelnd Winken,
An jedem Zweige sah ich Tropfen blinken,
Und jeder Tropfen schien ein Kämmerlein,
Drin flimmerte der Heimatlampe Schein.

O, Mond, du bist mir wie ein später Freund,
Der seine Jugend dem Verarmten eint,
Um seine sterbenden Erinnerungen
Des Lebens zarten Widerschein geschlungen,
Bist keine Sonne, die entzückt und blendet,
In Feuerströmen lebt, in Blute endet, –
Bist, was dem kranken Sänger sein Gedicht,
Ein fremdes, aber o ein mildes Licht.

Die Schenke am See

Ist's nicht ein heit'rer Ort, mein junger Freund,
Das kleine Haus, das schier vom Hange gleitet,
Wo so possierlich uns der Wirt erscheint,
So übermächtig sich die Landschaft breitet;
Wo uns ergötzt im neckischen Kontrast
Das Wurzelmännchen mit verschmitzter Miene,
Das wie ein Aal sich schlingt und kugelt fast,
Im Angesicht der stolzen Alpenbühne?

Sitz nieder! – Trauben! – und behend erscheint
Zopfwedelnd der geschäftige Pygmäe;

O sieh, wie die verletzte Beere weint
Blutige Tränen um des Reifes Nähe;
Frisch! greif in die kristallne Schale, frisch!
Die saftigen Rubinen glühn und locken;
Schon fühl' ich an des Herbstes reichem Tisch
Den kargen Winter nahn auf leisen Socken.

Das sind dir Hieroglyphen, junges Blut,
Und ich, ich will an deiner lieben Seite
Froh schlürfen meiner Neige letztes Gut.
Schau her, schau drüben in die Näh' und Weite:
Wie uns zur Seite sich der Felsen bäumt,
Als könnten wir mit Händen ihn ergreifen,
Wie uns zu Füßen das Gewässer schäumt,
Als könnten wir im Schwunge drüber streifen!

Hörst du das Alphorn überm blauen See?
So klar die Luft, mich dünkt, ich seh' den Hirten
Heimzügeln von der duftbesäumten Höh' –
War's nicht als ob die Rinderglocken schwirrten?
Dort, wo die Schlucht in das Gestein sich drängt –
Mich dünkt, ich seh' den kecken Jäger schleichen;
Wenn eine Gemse an der Klippe hängt,
Gewiß, mein Auge müßte sie erreichen.

Trink aus! – die Alpen liegen stundenweit,
Nur nah' die Burg, uns heimisches Gemäuer,
Wo Träume lagern langverschollner Zeit,
Seltsame Mär und zorn'ge Abenteuer.
Wohl ziemt es mir, in Räumen, schwer und grau,
Zu grübeln über dunkler Taten Reste;
Doch du, Levin, schaust aus dem grimmen Bau
Wie eine Schwalbe aus dem Mauerneste.

Sieh drunten auf dem See im Abendrot
Die Taucherente hin und wieder schlüpfend;
Nun sinkt sie nieder wie des Netzes Lot,
Nun wieder aufwärts mit den Wellen hüpfend;
Seltsames Spiel, recht wie ein Lebenslauf!
Wir beide schaun gespannten Blickes nieder;
Du flüsterst lächelnd: immer kömmt sie auf –
Und ich, ich denke: immer sinkt sie wieder!

Noch einen Blick dem segensreichen Land,
Den Hügeln, Auen, üpp'gem Wellenrauschen,
Und heimwärts dann, wo von der Zinne Rand
Freundliche Augen unserm Pfade lauschen;
Brich aus! – da haspelt in behendem Lauf
Das Wirtlein Abschied wedelnd uns entgegen:
„– Geruh'ge Nacht – stehn's nit zu zeitig auf! –"
Das ist der lust'gen Schwaben Abendsegen.

Am Bodensee

Über Gelände, matt gedehnt,
Hat Nebelhauch sich wimmelnd gelegt,
Müde, müde die Luft am Strande stöhnt,
Wie ein Roß, das den schlafenden Reiter trägt;
Im Fischerhause kein Lämpchen brennt,
Im öden Turme kein Heimchen schrillt,
Nur langsam rollend der Pulsschlag schwillt
In dem zitternden Element.

Ich hör' es wühlen am feuchten Strand,
Mir unterm Fuße es wühlen fort,
Die Kiesel knistern, es rauscht der Sand,
Und Stein an Stein entbröckelt dem Bord.
An meiner Sohle zerfährt der Schaum,
Eine Stimme klaget im hohlen Grund,
Gedämpft, mit halbgeschlossenem Mund,
Wie des grollenden Wetters Traum.

Ich beuge mich lauschend am Turme her,
Sprühregenflitter fährt in die Höh',
Ha, meine Locke ist feucht und schwer! –
Was treibst du denn, unruhiger See?
Kann dir der heilige Schlaf nicht nahn?
Doch nein, du schläfst, ich seh' es genau,
Dein Auge decket die Wimper grau,
Am Ufer schlummert der Kahn.

Hast du so vieles, so vieles erlebt,
Daß der im Traume es kehren muß,
Daß dein gleißender Nerv erbebt,
Naht ihm am Strand eines Menschen Fuß?
Dahin, dahin! die einst so gesund,
So reich und mächtig, so arm und klein,
Und nur ihr flüchtiger Spiegelschein
Liegt zerflossen auf deinem Grund!

Der Ritter, so aus der Burg hervor
Vom Hange trabte in aller Früh;
– Jetzt nickt die Esche vom grauen Tor,
Am Zwinger zeichnet die Mylady.
Das arme Mütterlein, das gebleicht
Sein Leichenhemde den Strand entlang,

Der Kranke, der seinen letzten Gang
An deinem Borde gekeucht;

Das spielende Kind, das neckend hier
Sein Schneckenhäuschen geschleudert hat,
Die glühende Braut, die lächelnd dir
Von der Ringelblume gab Blatt um Blatt;
Der Sänger, der mit trunkenem Aug'
Das Metrum geplätschert in deiner Flut,
Der Pilger, so am Gesteine geruht –
Sie alle dahin wie Rauch!

Bist du so fromm, alte Wasserfei,
Hältst nur umschlungen, läßt nimmer los?
Hat sich aus dem Gebirge die Treu
Geflüchtet in deinen heiligen Schoß?
O, schau mich an! ich zergeh' wie Schaum –
Wenn aus dem Grabe die Distel quillt,
Dann zuckt mein längst zerfallenes Bild
Wohl einmal durch deinen Traum!

Neujahrsnacht

Im grauen Schneegestöber blassen
Die Formen, es zerfließt der Raum,
Laternen schwimmen durch die Gassen,
Und leise knistert es im Flaum;
Schon naht des Jahres letzte Stunde,
Und drüben, wo der matte Schein
Haucht aus den Fenstern der Rotunde,
Dort ziehn die frommen Beter ein.

Wie zu dem Richter der Bedrängte,
Ob dessen Haupt die Wage neigt,
Noch einmal schleicht, eh' der verhängte,
Der schwere Tag im Osten steigt,
Noch einmal faltet seine Hände
Um milden Spruch, so knien sie dort,
Still gläubig, daß ihr Flehen wende
Des Jahres ernstes Losungswort.

Ich sehe unter meinem Fenster
Sie gleiten durch den Nebelrauch,
Verhüllt und lautlos wie Gespenster,
Vor ihrer Lippe flirrt der Hauch;
Ein blasser Kreis zu ihren Füßen
Zieht über den verschneiten Grund,
Lichtfunken blitzen auf und schießen
Um der Laterne dunstig Rund.

Was mögen sie im Herzen tragen,
Wie manche Hoffnung, still bewacht,
Wie mag es unterm Bließe schlagen
So heiß in dieser kalten Nacht!
Fort keuchen sie, als möge fallen
Der Hammer, eh' sie sich gebeugt,
Bevor sie an des Thrones Hallen
Die letzte Bittschrift eingereicht.

Dort hör' ich eine Angel rauschen,
Vernehmlich wird des Kindes Schrei'n,
Und die Gestalt – sie scheint zu lauschen,
Dann fürder schwimmt der Lampe Schein;
Noch einmal steigt sie, läßt die Schimmer

Verzittern an des Fensters Rand,
Gewiß, es trägt ein Frauenzimmer
Sie, einer Mutter fromme Hand!

Nun stampft es rüstig durch die Gasse,
Die Decke kracht vom schweren Tritt;
Der Krämer schleppt die Sündenmasse
Der bösen Zahler keuchend mit;
Und hinter ihm wie eine Docke
Ein armes Kind im Flitterstaat,
Mit seidnem Fähnchen, seidner Locke,
Huscht frierend durch den engen Pfad.

Ha, Schellenklingeln längs der Stiege!
Glutaugen richtend in die Höh',
'ne kolossale Feuerfliege,
Rauscht die Karosse durch den Schnee;
Und Dämpfe qualmen auf und schlagen
Zurück vom Wirbel des Gespanns;
Ja, schwere Bürde trägt der Wagen,
Die Wünsche eines reichen Manns!

Und hinter ihm ein Licht so schwankend,
Der Träger tritt so sachte auf,
Nun lehnt er an der Mauer, wankend,
Sein hohler Husten schallt hinaus;
Er öffnet der Laterne Reifen,
Es zupfen Finger lang und fahl
Am Dochte, Odemzüge pfeifen, –
Du, Armer, kniest zum letztenmal.

Dann Licht an Lichtern längs der Mauer,
Wie Meteore irr geschart,

Ein krankes Weib in tiefer Trauer,
Husaren mit bereiftem Bart,
In Filz und Kittel stämm'ge Bauern,
Den Rosenkranz in starrer Faust,
Und Mädchen, die wie Falken lauern,
Von Mantels Fittichen umsaust.

Wie oft hab' ich als Kind im Spiele
Gelauscht den Funken im Papier,
Der Sternchen zitterndem Gewühle,
Und: „Kirchengänger!" sagten wir;
So seh' ich's wimmeln um die Wette
Und löschen, wo der Pfad sich eint,
Nachzügler noch, dann grau die Stätte,
Nur einsam die Rotunde scheint.

Und mählich schwellen Orgelklänge
Wie Heroldsrufe an mein Ohr:
Knie nieder, Lässiger, und dränge
Auch deines Herzens Wunsch hervor:
„Du, dem Jahrtausende verrollen
Sekundengleich, erhalte mir
Ein mutig Herz, ein redlich Wollen
Und Fassung an des Grabes Tür."

Da, horch! – es summt durch Wind und Schloßen,
Gott gnade uns, hin ist das Jahr!
Im Schneegestäub wie Schnee zerflossen
Zukünftiges wird offenbar.
Von allen Türmen um die Wette
Der Hammer Schläge, daß es schallt,

Und mit dem letzten ist die Stätte
Gelichtet für den neuen Wald

Silvesterabend

Am letzten Tage des Jahres,
Da dacht' ich, wie mancher tot,
Den ich bei seinem Beginne
Noch luftig gesehen und rot;
Wie mancher am Sargesbaume
Gelacht, unterm laubigen Zelt,
Und wie vielleicht auch der meine
Zur Stunde schon sei gefällt.

Wer wird dann meiner gedenken,
Wenn ich nun gestorben bin?
Wohl wird man Tränen mir weihen,
Doch diese sind bald dahin!
Wohl wird man Lieder mir singen,
Doch diese verweht die Zeit!
Vielleicht einen Stein mit setzen,
Den bald der Winter verschneit.

Und wenn die Flocke zerronnen
Und kehrt der Nachtigall Schlag,
Dann blieb nur die heilige Messe
An meinem Gedächtnistag;
Nur auf zerrissenem Blatte
Ein Lied von flüchtigem Stift,
Und mir zu Häupten die Decke
Mit mooszerfressener Schrift.

Wohl hab' ich viele Bekannte,
Die gern mit öffnen ihr Haus,
Doch wenn die Türe geschlossen,
Dann schaut man nimmer hinaus;
Dann haben sie einen andern
An meiner Stelle erwählt,
Der ihnen singt meine Lieder
Und meine Geschichten erzählt.

Wohl hab' ich ehrliche Freunde,
Die greift es härter schon an;
Doch wenn die Kette zerrissen,
Man flickt sie, so gut man kann;
Zwei Tage blieben sie düster,
– Sie meinten es ernst und treu, –
Und gingen dann in die Oper
Am dritten Tage aufs neu.

Ich habe liebe Verwandte,
Die tragen im Herzen das Leid;
Allein wie dürfte verkümmern
Ein Leben, so vielen geweiht?
Sie haben sich eben bezwungen,
Für andre Pflichten geschont,
Nur schweben wohl meine Züge
Zuweilen noch über den Mond.

Ich habe Bruder und Schwester,
Da ging ins Leben der Stich,
Da sind viel Tränen geflossen
Und viele Seufzer um mich.
O hätten sie einsam gestanden,
Ich lebte im ewigen Licht!

Nun haben sie meines vergessen
Um ihres Kindes Gesicht.

Ich hab', ich hab' eine Mutter,
Der kehr' ich im Traum bei Nacht,
Die kann das Auge nicht schließen,
Bis mein sie betend gedacht;
Die sieht mich in jedem Grabe,
Die hört mich im Rauschen des Hains –
O, vergessen kann eine Mutter
Von zwanzig Kindern nicht eins.

Heidebilder

Der Weiher

Er liegt so still im Morgenlicht,
So friedlich wie ein fromm Gewissen;
Wenn Weste seinen Spiegel küssen,
Des Ufers Blume fühlt es nicht;
Libellen zittern über ihn,
Blaugoldne Stäbchen und Karmin,
Und aus des Sonnenblildes Glanz
Die Wasserspinne führt den Tanz;
Schwertlilienkranz am Ufer steht
Und horcht des Schilfes Schlummerliede;
Ein lindes Säuseln kommt und geht,
Als flüstr' es: Friede! Friede! Friede!

Das Schilf

Stille, er schläft! stille, stille!
Libelle, reg' die Schwingen sacht
Daß nicht das Goldgewebe schrille,
Und, Ufergrün, halt gute Wacht,
Kein Kieselchen laß niederfallen.
Er schläft auf seinem Wolkenflaum,
Und über ihn läßt säuselnd wallen
Das Laubgewölb der alte Baum;
Hoch oben, wo die Sonne glüht,
Wieget der Vogel seine Flügel,
Und wie ein schlüpfend Fischlein zieht

Sein Schatten durch des Teiches Spiegel.
Stille, stille! er hat sich geregt,
Ein fallend Reis hat ihn bewegt,
Das grad' zum Nest der Hänfling trug;
Su, Su! breit', Ast, dein grünes Tuch –
' Su, Su! nun schläft er fest genug.

Die Linde

Ich breite über ihn mein Blätterdach,
So weit ich es vom Ufer strecken mag.
Schau her, wie langaus meine Arme reichen,
Ihm mit den Fächern das Gewürm zu scheuchen,
Das hundertfarbig zittert in der Lust.
Ich hauch' ihm meines Odems besten Duft,
Und auf sein Lager lass' ich niederfallen
Die lieblichste von meinen Blüten allen;
Und eine Bank lehnt sich an meinen Stamm,
Da schaut ein Dichter von dem Uferdamm,
Den hör' ich flüstern wunderliche Weise
Von mir und dir und der Libell' so leise,
Daß er den frommen Schläfer nicht geweckt;
Sonst wahrlich hätt' die Raupe ihn erschreckt,
Die ich geschleudert aus dem Blätterhag.
Wie grell die Sonne blitzt; schwül wird der Tag.
O, könnt' ich, könnt' ich meine Wurzeln strecken
Recht mitten in das tief kristallne Becken,
Den Fäden gleich, die, grünlicher Asbest,
Schaun so behaglich aus dem Wassernest,
Wie mir zum Hohne, die im Sonnenbrande
Hier einsam niederlechzt vom Uferrande.

Die Wasserfäden

Neid' uns! neid' uns! laß die Zweige hangen,
Nicht weil flüssigen Kristall wir trinken,
Neben uns des Himmels Sterne blinken,
Sonne sich in unserm Netz gefangen –
Nein, des Teiches Blutsverwandte, fest
Hält er all uns an die Brust gepreßt,
Und wir bohren unsre feinen Ranken
In das Herz ihm, wie ein liebend Weib,
Dringen Adern gleich durch seinen Leib,
Dämmern auf wie seines Traums Gedanken;
Wer uns kennt, der nennt uns lieb und treu,
Und die Schmerle birgt in unsrer Hut
Und die Karpfenmutter ihre Brut;
Welle mag in unserm Schleier kosen;
Uns nur traut die holde Wasserset,
Sie, die schöne, lieblicher als Rosen.
Schleuß, Trifolium[6], die Glocken auf,
Kurz dein Tag, doch königlich sein Lauf!

Kinder am Ufer

O sieh doch! siehst du nicht die Blumenwolke
Da drüben in dem tiefsten Weiherkolke?
O, das ist schön! hätt' ich nur einen Stecken,
Schmalzweiße Kelch' mit dunkelroten Flecken,

---

[6] Trifolium, Dreiblatt, Menianthes trifoliata, L. Biberklee, Eine Wasserpflanze, die nur in sehr tiefem Wasser wächst, mit schöner aber seht vergänglicher Blüte.

Und jede Glocke ist frisiert so sein
Wie unser wächsern Engelchen im Schrein.
Was meinst du, schneid' ich einen Haselstab
Und wat' ein wenig in die Furt hinab?
Pah! Frösch' und Hechte können mich nicht schrecken –
Allein, ob nicht vielleicht der Wassermann
Dort in den langen Kräutern hocken kann?
Ich geh', ich gehe schon – ich gehe nicht –
Mich dünkt, ich sah am Grunde ein Gesicht –
Komm, laß uns lieber heim, die Sonne sticht!

Die Krähen

Heiß, heiß der Sonnenbrand
Drückt vom Zenith herunter,
Weit, weit der gelbe Sand
Zieht sein Gestäube drunter;
Nur wie ein grüner Strich
Am Horizont die Föhren;
Mich dünkt, man müßt' es hören,
Wenn nur ein Kanker schlich.

Der blasse Äther siecht,
Ein Ruhen rings, ein Schweigen,
Dem matt das Ohr erliegt;
Nur an der Düne steigen
Zwei Fichten, dürr, ergraut,
Wie Trauernde am Grabe,
Wo einsam sich ein Rabe
Die rupp'gen Federn kraut.

Da zieht's in Westen schwer
Wie eine Wetterwolke,
Kreist um die Föhren her
Und fällt am Heidekolke;
Und wieder steigt es dann,
Es flattert und es ächzet,
Und immer näher krächzet
Das Galgenvolk heran.

Recht, wo der Sand sich dämmt,
Da lagert es am Hügel;
Es badet sich und schwemmt,
Stäubt Asche durch die Flügel,
Bis jede Feder grau;
Dann tasten sie im Bade
Und horchten der Suade
Der alten Krähenfrau,

Die sich im Sande reckt,
Das Bein lang ausgeschossen,
Ihr eines Aug' gefleckt,
Das andre ist geschlossen;
Zweihundert Jahr' und mehr
Gehetzt mit allen Hunden,
Schnarrt sie nun ihre Kunden
Dem jungen Volke her:

„Ja, ritterlich und kühn all sein Gebar!
Wenn er so herstolzierte vor der Schar
Und ließ sein bäumend Roß so drehn und schwenken,
Da mußt' ich immer an Sankt Jörgen denken,
Den Wettermann, der – als am Schlot ich saß,

Ließ mir die Sonne auf den Rücken brennen –
Vom Wind getrillt mich schlug so hart, daß baß
Ich es dem alten Raben möchte gönnen,
Der dort von seiner Hopfenstange schaut,
Als sei ein Baum er und wir andern Kraut! –

„Kühn war der Halberstadt, das ist gewiß!
Wenn er die Braue zog, die Lippe biß,
Dann standen seine Landsknecht' auf den Füßen
Wie Speere, solche Blieke konnt' er schießen.
Einst brach sein Schwert; er riß die Kuppel los,
Stieß mit der Scheide einen Mann vom Pferde.
Ich war nur immer froh, daß flügellos,
Ganz sonder Witz der Mensch geboren werde:
Denn nie hab' ich gesehn, daß aus der Schlacht
Er eine Leber nur befreit' gebracht.

„An einem Sommertag – heut sind es grad'
Zweihundettfünfzehn Jahr, es lief die Schnat
Am Damme drüben damals bei den Föhren –
Da konnte man ein frisch Drommeten hören,
Ein Schwerterklirren und ein Feldgeschrei,
Radschlagen sah man Reiter von den Rossen,
Und die Kanone fuhr ihr Hirn zu Brei;
Entlang die Gleise ist das Blut geflossen,
Granat' und Wachtel liefen kunterbunt
Wie junge Kiebitze am sand'gen Grund.

„Ich saß auf einem Galgen, wo das Bruch
Man überschauen konnte recht mit Fug;
Dort an der Schnat hat Halberstadt gestanden,
Mit seinem Sehrohr streifend durch die Banden,
Hat seinen Stab geschwungen so und so;

Und wie er schwenkte, zogen die Soldaten –
Da plötzlich aus den Mörsern fuhr die Loh',
Es knallte, daß ich bin zu Fall geraten,
Und als kopfüber ich vom Galgen schoß,
Da pfiff der Halberstadt davon zu Roß.

„Mir stieg der Rauch in Ohr und Kehl', ich schwang
Mich auf, und nach der Qualm in Strömen drang;
Entlang die Heide fuhr ich mit Gekrächze.
Am Grunde, welch Geschrei, Geschnaub, Geächze!
Die Rosse wälzten sich und zappelten,
Todwunde zuckten auf, Landsknecht' und Reiter
Knirschten den Sand, da näher trappelten
Schwadronen, manche krochen winselnd weiter,
Und mancher hat noch einen Stich versucht,
Als über ihn der Bayer weggeflucht.

„Noch lange haben sie getobt, geknallt,
Ich hatte mich geflüchtet in den Wald;
Doch als die Sonne färbt' der Fähren Spalten,
Ha, welch ein köstlich Mahl ward da gehalten!
Kein Geier schmaust, kein Weihe je so reich!
In achtzehn Schwärmen fuhren wir herunter,
Das gab's ein Hacken, spicken, Leich' auf Leich' –
Allein der Halberstadt war nicht darunter:
Nicht kam er heut, noch sonst mir zu Gesicht,
Wer ihn gefressen hat, ich weiß es nicht."

Sie zuckt die Klaue, kraut den Schopf
Und streckt behaglich sich im Bade;

Da streckt ein grauer Herr den Kopf,
Weit älter als die Scheh'razade.
„Ha," krächzt er, „das war wüste Zeit –
Da gab's nicht Frauen, wie vor Jahren,
Als Ritter mit dem Kreuz gefahren
Und man die Münster hat geweiht!"
Er hustet, speit ein wenig Sand und Ton,
Dann hebt er an, ein grauer Seladon:

„Und wenn er kühn, so war sie schön,
Die heil'ge Frau im Ordenskleide!
Ihr mocht' der Weihel süßer stehn,
Als andern Güldenstück und Seide.
Raum war sie holder an dem Tag,
Da ihr jungfräulich Haar man fällte,
Als ich ans Kirchenfenster schnellte
Und schier Tobias' Hündlein brach.

„Da stand die alte Gräfin, stand
Der alte Graf, geduldig harrend,
Er aufs Barettlein in der Hand,
Sie fest aufs Paternoster starrend;
Ehrbar, wie bronzen fein Gesicht –
Und aus der Mutter Wimpern glitten
Zwei Tränen aus der Schaube Mitten,
Doch ihre Lippe zuckte nicht.

„Und sie in ihrem Sammetkleid,
Von Perlen und Juwel' umfunkelt,
Bleich war sie, aber nicht von Leid,
Ihr Blick – doch nicht von Gram umdunkelt.
So mild hat sie das Haupt gebeugt,
Als woll' auf den Altar sie legen

Des Haares königlichen Segen,
Vom Antlitz ging ein süß Geleucht.

„Doch als nun, wie am Blutgerüst,
Ein Mann die Seidenstränge packte,
Da faßte mich ein wild Gelüst,
Ich schlug die Scheiben, daß es knackte,
Und flattert' fort, als ob der Stahl
Nach meinem Nacken wolle zücken –
Ja, wahrlich, über Kopf und Rücken
Fühlt' ich den ganzen Tag mich kahl!

„Und später sah ich manche Stund'
Sie betend durch den Kreuzgang schreiten,
Ihr süßes Auge übern Grund
Entlang die Totenlager gleiten;
Ins Quadrum flog ich dann hinab,
Spazierte auf dem Leichensteine,
Sang oder suchte auch zum Scheine
Nach einem Regenwurm am Grab.

„Wie sie gestorben, weiß ich nicht;
Die Fenster hatte man verhangen,
Ich sah am Vorhang nur das Licht
Und hörte, wie die Schwestern sangen;
Auch hat man keinen Stein geschafft
Ins Quadrum, doch ich hörte sagen,
Daß manchem Kranken Heil getragen
Der sel'gen Frauen Wunderkraft.

„Ein Loch gibt es am Kirchenend',
Da kann man ins Gewölbe schauen,
Wo matt die ew'ge Lampe brennt,

Steinsärge ragen, fein gehauen;
Da streck' ich oft im Dämmergrau
Den Kopf durchs Gitter, klage, klage
Die Schlafende im Sarkophage,
So hold, wie keine Krähenfrau!"

Er schließt die Augen, stößt ein lang „Krahah!"
Gestreckt die Zunge und den Schnabel offen;
Matt, flügelhängend, ein zertrümmert Hoffen,
Ein Bild gebrochnen Herzens, sitzt er da.

Da schnarrt es über ihm: „Ihr Narren all!"
Und nieder von der Fichte plumpt der Rabe:
„Ist einer hier, der hörte von Walhall,
Von Teut und Tor und von dem Hünengrabe?
Saht ihr den Opferstein" – da mit Gekrächz
Hebt sich die Schar und klatscht entlang den Hügel.
Der Rabe blinzt, er stößt ein kurz Geächz,
Die Federn sträubend wie ein zorn'ger Igel;
Dann duckt er nieder, kraut das kahle Ohr,
Noch immer schnarrend fort von Teut und Tor.

Der Knabe im Moor

O, schaurig ist's, übers Moor zu gehn,
Wenn es wimmelt vom Heiderauche,
Sich wie Phantome die Dünste drehn
Und die Ranke häkelt am Strauche,
Unter jedem Tritte ein Quellchen springt,
Wenn aus der Spalte es zischt und singt –

O, schaurig ist's, übers Moor zu gehn,
Wenn das Röhricht knistert im Hauche!

Fest hält die Fibel das zitternde Kind
Und rennt, als ob man es jage;
Hohl über die Fläche sauset der Wind –
Was raschelt drüben am Hage?
Das ist der gespenstige Gräberknecht,
Der dem Meister die besten Torfe verzecht;
Hu, hu, es bricht wie ein irres Rind!
Hinducket das Knäblein zage.

Vom Ufer starret Gestumpf hervor,
Unheimlich nicket die Föhre,
Der Knabe rennt, gespannt das Ohr,
Durch Riesenhalme wie Speere;
Und wie es rieselt und knittert darin!
Das ist die unselige Spinnerin,
Das ist die gebannte Spinnlenor',
Die den Haspel dreht im Geröhre!

Voran, voran, nur immer im Lauf,
Voran, als woll' es ihn holen;
Vor feinem Fuße brodelt es auf,
Es pfeift ihm unter den Sohlen
Wie eine gespenstige Melodei;
Das ist der Geigenmann ungetreu,
Das ist der diebische Fiedler Knauf,
Der den Hochzeitheller gestohlen!

Da birst das Moor, ein Seufzer geht
hervor aus der klaffenden Höhle;
Weh, weh, da ruft die verdammte Margret:

„Ho, ho, meine arme Seele!"
Der Knabe springt wie ein wundes Reh,
Wär' nicht Schutzengel in seiner Näh',
Seine bleichenden Knöchelchen fände spät
Ein Gräber im Moorgeschwele.

Da mählich gründet der Boden sich,
Und drüben, neben der Weide,
Die Lampe flimmert so heimatlich,
Der Knabe steht an der Scheide.
Tief atmet er auf, zum Moor zurück
Noch immer wirft er den scheuen Blick:
Ja, im Geröhre war's fürchterlich,
O, schaurig war's in der Heide!

Das Haus in der Heide

Wie lauscht, vom Abendschein umzuckt,
Die strohgedeckte Hütte,
Recht wie im Nest der Vogel duckt,
Aus dunkler Föhren Mitte.

Am Fensterloche streckt das Haupt
Die weißgestirnte Stärke,
Bläst in den Abendduft und schnaubt
Und stößt ans Holzgewerke.

Seitab ein Gärtchen, dornumhegt,
Mit reinlichem Gelände,

Wo matt ihr Haupt die Glocke trägt,
Aufrecht die Sonnenwende.

Und drinnen kniet ein stilles Kind,
Das scheint den Grund zu jäten,
Nun pflückt sie eine Lilie lind
Und wandelt längs den Beeten.

Am Horizonte Hirten, die
Im Heidekraut sich strecken
Und mit des Aves Melodie
Träumende Lüfte wecken.

Und von der Tenne ab und an
Schallt es wie Hammerschläge,
Der Hobel rauscht, es fällt der Span,
Und langsam knarrt die Säge.

Da hebt der Abendstern gemach,
Sich aus den Föhrenzweigen,
Und grade ob der Hütte Dach
Scheint er sich mild zu neigen.

Es ist ein Bild, wie still und heiß
Es alte Meister hegten,
Kunstvolle Mönche, und mit Fleiß
Es auf den Goldgrund legten:

Der Zimmermann – die Hirten gleich
Mit ihrem frommen Liede,
Die Jungfrau mit dem Lilienzweig,
Und rings der Gottesfriede,

Des Sternes wunderlich Geleucht
Aus zarten Wolkenfloren –
Ist etwa hier im Stall vielleicht
Christkindlein heut geboren?

Der Heidemann[7]

„Geht, Kinder, nicht zu weit ins Bruch!
Die Sonne sinkt, schon surrt den Flug
Die Biene matter, schlafgehemmt,
Am Grunde schwimmt ein blasses Tuch,
Der Heidemann kömmt!" –

Die Knaben spielen fort am Raine,
Sie rupfen Gräser, schnellen Steine,
Sie plätschern in des Teiches Rinne,
Erhaschen die Phalän' am Ried
Und freun sich, wenn die Wasserspinne
Langbeinig in die Binsen flieht.

„Ihr Kinder, legt euch nicht ins Gras!
Seht, wo noch grad' die Biene saß,
Wie weißer Rauch die Glocken füllt.
Scheu aus dem Busche glotzt der Has'
Der Heidemann schwillt!" –

---

[7] Hier nicht das bekannte Gespenst, sondern die Nebelschicht, die sich zur Herbst- und Frühlingszeit abends über den Heldegrund legt.

Kaum hebt ihr schweres Haupt die Schmehle
Noch aus dem Dunst, in seine Höhle
Schiebt sich der Käfer, und am Halme
Die träge Motte höher kreucht,
Sich flüchtend vor dem feuchten Qualme,
Der unter ihre Flügel steigt.

„Ihr Kinder, haltet euch bei Haus!
Lauft ja nicht in das Bruch hinaus;
Seht, wie bereits der Dorn ergraut,
Die Drossel ächzt zum Nest hinaus,
Der Heidemann braut!"

Man sieht des Hirten Pfeife glimmen
Und vor ihm her die Herde schwimmen,
Wie Proteus seine Robbenscharen
Heimschwemmt im grauen Ozean.
Am Dach die Schwalben zwitschernd fahren,
Und melancholisch kräht der Hahn.

„Ihr Kinder bleibt am Hofe dicht!
Seht, wie die feuchte Nebelschicht
Schon an des Pförtchens Klinke reicht;
Am Grunde schwimmt ein falsches Licht,
Der Heidemann steigt!" –

Nun strecken nur der Föhren Wipfel
Noch aus dem Dunste grüne Gipfel,
Wie übern Schnee Wacholderbüsche;
Ein leises Brodeln quillt im Moor,
Ein schwaches Schrillen, ein Gezische
Dringt aus der Niederung hervor.

„Ihr Kinder, kommt, kommt schnell herein!
Das Irrlicht zündet seinen Schein,
Die Kröte schwillt, die Schlang' im Ried;
Jetzt ist's unheimlich draußen sein,
Der Heidemann zieht!" –

Nun sinkt die letzte Nadel, rauchend
Zergeht die Fichte, langsam tauchend
Steigt Nebelschemen aus dem Moore,
Mit Hünenschritten gleitet's fort;
Ein irres Leuchten zuckt im Rohre,
Der Krötenchor beginnt am Bord.

Und plötzlich scheint ein schwaches Glühen
Des Hünen Glieder zu durchziehen;
Es siedet auf, es färbt die Wellen,
Der Nord, der Nord entzündet sich –
Glutpfeile, Feuerspeere schnellen,
Der Horizont ein Lavastrich!

„Gott gnad' uns! wie es zuckt und dräut,
Wie's schwelet an der Dünenscheid'!
Ihr Kinder, faltet eure Händ',
Das bringt uns Pest und teure Zeit –
Der Heidemann brennt!" –

Der Hünenstein

Zur Zeit der Scheide zwischen Nacht und Tag,
Als wie ein siecher Greis die Heide lag
Und ihr Gestöhn des Mooses Teppich regte,

Krankhafte Funken im verwirrten Haar
Elektrisch blitzten und, ein dunkler Mahr,
Sich über sie die Wolkenschichte legte;

Zu dieser Dämmerstunde war's, als ich
Einsam hinaus mit meinen Sorgen schlich
Und wenig dachte, was es draußen treibe.
Nachdenklich schritt ich und bemerkte nicht
Des Krautes Wallen und des Wurmes Licht,
Ich sah auch nicht, als stieg die Mondesscheibe.

Grad' war der Weg, ganz sonder Steg und Bruch;
So träumt' ich fort, und wie ein schlechtes Buch,
Ein Pfennigsmagazin uns auf der Reise
Von Station zu Stationen plagt,
Hab' zehnmal Weggeworfnes ich benagt
Und fortgeleiert überdrüss'ge Weise.

Entwürfe wurden aus Entwürfen reif,
Doch, wie die Schlange packt den eignen Schweif,
Fand ich mich immer aus derselben Stelle;
Da plötzlich fuhr ein plumper Schröter jach
Ans Auge mir, ich schreckte auf und lag
Am Grund, um mich des Heidekrautes Welle.

Seltsames Lager, das ich mir erkor!
Zur Rechten, Linken schwoll Gestein empor,
Gewalt'ge Blöcke, rohe Porphyrbrote;
Mir überm Haupte reckte sich der Bau,
Langhaar'ge Flechten rührten meine Brau,
Und mir zu Füßen schwankt' die Ginsterlode.

Ich wußte gleich, es war ein Hünengrab,
Und fester drückt' ich meine Stirn hinab,
Wollüstig saugend an des Grauens Süße,
Bis es mit eis'gen Krallen mich gepackt,
Bis wie ein Gletscherbronn des Blutes Takt
Aufquoll und hämmert' unterm Mantelvließe.

Die Decke über mir, gesunken, schief,
An der so blaß gehärmt das Mondlicht schlief,
Wie eine Witwe an des Gatten Grabe;
Vom Hirtenfeuer Kohlenscheite sahn
So leichenbrandig durch den Thymian,
Daß ich sie abwärts; schnellte mit dem Stabe.

Husch fuhr ein Kiebitz schreiend aus dem Moos;
Ich lachte auf; doch trug wie bügellos
Mich Phantasie weit über Spalt und Barren.
Dem Wind hab' ich gelauscht so scharf gespannt,
Als bring' er Kunde aus dem Geisterland,
Und immer mußt' ich an die Decke starren.

Ha! welche Sehnen wälzten diesen Stein?
Wer senkte diese wüsten Blöcke ein,
Als durch das Heid die Totenklage schallte?
Wer war die Drude, die im Abendstrahl
Mit Run' und Spruch umwandelte das Tal,
Indes ihr goldnes Haar im Winde wallte?

Dort ist der Osten, dort, drei Schuh im Grund,
Dort steht die Urne und in ihrem Rund
Ein wildes Herz zerstäubt zu Aschenflocken;
Hier lagert sich der Traum vom Opferhain,

Und finster schütteln über diesen Stein
Die grimmen Götter ihre Wolkenlocken.

Wie, sprach ich Zauberformel? Dort am Damm –
Es steigt, es breitet sich wie Wellenkamm,
Ein Riesenleib, gewalt'ger, höher immer;
Nun greift es aus mit langgedehntem Schritt,
Schau, wie es durch der Eiche Wipfel glitt,
Durch seine Glieder zittern Mondenschimmer.

Komm her, komm nieder – um ist deine Zeit!
Ich harre dein, im heil'gen Bad geweiht;
Noch ist der Kirchenduft in meinem Kleide! –
Da fährt es auf, da ballt es sich ergrimmt,
Und langsam, eine dunkle Wolke, schwimmt
Es über meinem Haupt entlang die Heide.

Ein Ruf, ein hüpfend Licht – es schwankt herbei, –
Und – „Herr, es regnet" – sagte mein Lakai,
Der ruhig übers Haupt den Schirm mir streckte.
Noch einmal sah ich zum Gestein hinab:
Ach Gott, es war doch nur ein rohes Grab,
Das armen, ausgedorrten Staub bedeckte!

Gedenkblätter

An meine Mutter

So gern hätt' ich ein schönes Lied gemacht
Von deiner Liebe, deiner treuen Weise,
Die Gabe, die für andre immer wacht,
Hätt' ich so gern geweckt zu deinem Preise.

Doch wie ich auch gesonnen mehr und mehr,
Und wie ich auch die Reime mochte stellen,
Des Herzens Fluten wallten drüber her,
Zerstörten mir des Liedes zarte Wellen.

So nimm die einfach schlichte Gabe hin,
Von einfach ungeschmücktem Wort getragen,
Und meine ganze Seele nimm darin;
Wo man am meisten fühlt, weiß man nicht viel zu sagen.

An Levin Schücking

Rein Wort, und wär' es scharf wie Stahles Klinge,
Soll trennen, was in tausend Fäden eins,
So mächtig kein Gedanke, daß er dringe
Vergällend in den Becher reinen Weins;
Das Leben ist so kurz, das Glück so selten,
So großes Kleinod, einmal sein statt gelten!

Hat das Geschick uns, wie in frevlem Witze,
Auf feindlich starre Pole gleich erhöht,
So wisse, dort, dort aus der Scheidung Spitze
Herrscht, König über alle, der Magnet, –
Nicht frägt er, ob ihn Fels und Strom gefährde,
Ein Strahl fährt mitten er durchs Herz der Erde.

Blick in mein Auge – ist es nicht das deine,
Ist nicht mein Zürnen selber deinem gleich?
Du lächelst – und das Lächeln ist das meine,
An gleicher Lust und gleichem Sinnen reich;
Worüber alle Lippen freundlich scherzen,
Wir fühlen heil'ger es im eignen Herzen.

Pollux und Kastor – wechselnd Glühn und Bleichen,
Des einen Licht geraubt dem andern nur,
Und doch der allerfrömmsten Treue Zeichen. –
So reiche mir die Hand, mein Dioskur!
Und mag erneuern sich die holde Mythe,
Wo überm Helm die Zwillingsflamme glühte.

An denselben

Zum zweiten Male will ein Wort
Sich zwischen unsre Herzen drängen,
Den felsbewachten Erzeshort
Will eines Knaben Mine sprengen.
Sieh mir ins Auge, wende nicht
Das deine nach des Fensters Borden,

Ist denn so fremd dir mein Gesicht,
Denn meine Sprache dir geworden?

Sieh freundlich mir ins Auge, schuf
Natur es gleich im Eigensinne
Nach harter Form, muß ihrem Ruf
Antworten ich mit scharfer Stimme,
Der Vogel singt, wie sie gebeut,
Libelle zieht die farb'gen Ringe
Und keine Seele hat bis heut
Sie noch gezürnt zum Schmetterlinge.

Still ließ an meiner Jahre Rand
Die Parze ihre Spindel schlüpfen,
Zu strecken meint' ich nur die Hand,
Um alte Fäden anzuknüpfen,
Da fand den einen ich so reich,
Fand ihn so vielbewegt verschlungen,
Darf es dich wundern, wenn nicht gleich
So Ungewohntes mir gelungen?

Daß manches schroff in mir und steil,
Wer könnte, ach, wie ich es wissen!
Es ward, zu meiner Seele Heil,
Mein zweites zarteres Gewissen,
Es hat den Übermut gedämpft,
Der mich Giganten gleich bezwungen,
Hat glühend, wie die Reue kämpft,
Mit dem Dämone oft gerungen.

Doch du, das tiefversenkte Blut
In meinem Herzen, durftest denken,

So wolle ich mein eignes Gut,
So meine eigne Krone kränken?
O sorglos floß mein Wort und bunt
Im Glauben, daß es dich ergötze,
Daß nicht geschaffen dieser Mund
Zu einem Hauch, der dich verletze.

Sieh her, nicht eine Hand dir nur,
Ich reiche beide dir entgegen,
Zum Leiten auf verlorne Spur,
Zum Liebespenden und zum Segen,
Nur ehre ihn, der angefacht
Das Lebenslicht an meiner Wiege,
Nimm mich, wie Gott mich hat gemacht,
Und leih mir keine fremden Züge!

An ***

Auf hohem Felsen lieg' ich hier,
Der Krankheit Nebel über mir,
Und unter mir der tiefe See
Mit seiner nächt'gen Klage Weh,
Mit seinem Jubel, seiner Lust,
Wenn buntgeschmückte Wimpel fliegen,
Mit seinem Dräu'n aus hohler Brust,
Wenn Sturm und Welle sich bekriegen.

Mir ist er gar ein trauter Freund,
Der mit mir lächelt, mit mir weint,
Ist, wenn er grünlich golden ruht,
Mir eine sanfte Zauberflut,

Aus deren tiefem, klarem Grund
Gestalten meines Lebens steigen,
Geliebte Augen, süßer Mund
Sich lächelnd tröstend zu mir neigen.

Wie hab' ich schon so manche Nacht
Des Mondes Widerschein bewacht!
Die klare Bahn auf dunklem Grün,
Wo meiner Toten Schatten ziehn;
Wie manchen Tag den lichten Hang,
Bewegt von hüpfend leichten Schritten,
Auf dem mit leisem Geistergang
Meiner Lebend'gen Bilder glitten.

Und als dein Bild vorüberschwand,
Da streckte ich nach dir die Hand,
Und meiner Seele ward es weh,
Daß dir verborgen ihre Näh';
So nimm denn meine Lieder nun
Als liebesrote Flammenzungen,
Laß sie in deinem Busen ruhn
Und denk', ich hab' sie dir gesungen.

An Joseph v. Laßberg
Zum Geburtstage am 10. April 1848.

Grad' heute, wo ich gar zu gern
Dir hätt' ein herzlich Wort gesagt,
Grad' heute hat mein böser Stern
Mit argem Husten mich geplagt;
Doch wär' ich wohl hinaufgeklommen,

Wär' nicht mein Schwesterlein gekommen
Und hätt' es ernst mir untersagt.

Was send' ich meinem Gruße nach?
Ein buntes Glöckchen, arm und klein;
Wohl ist sein Stimmchen zart und schwach,
Doch ist es silberhell und rein;
Und wo du läßt es klingend rauschen,
Da wird das Ohr der Liebe lauschen,
Und, glaub' es mir, das hört gar fein!

Balladen

Der Graf von Thal
   I

Das war der Graf von Thal,
So ritt an der Felsenwand;
Das war sein eh'lich Gemahl,
Die hinter dem Steine stand.

Sie schaut' im Sonnenstrahl
Hinunter den Linden Hang,
„Wo bleibt der Graf von Thal?
Ich hört' ihn doch reiten entlang!

„Ob das ein Hufschlag ist?
Vielleicht ein Hufschlag fern?
Ich weiß doch wohl ohne List,
Ich hab' gehört meinen Herrn!"

Sie bog zurück den Zweig.
„Bin blind ich oder auch taub?"
Sie blinzelt' in das Gesträuch
Und horcht' auf das rauschende Laub.

Öd' war's, im Hohlweg leer,
Einsam im rispelnden Wald;
Doch überm Weiher, am Wehr,
Da fand sie den Grafen bald.

In seinen Schatten sie trat.
Er und seine Gesellen, –

Die flüstern und halten Rat,
Viel lauter rieseln die Wellen.

Sie starrten über das Land,
Genau sie spähten, genau,
Sahn jedes Zweiglein am Strand,
Doch nicht am Wehre die Frau.

Zur Erde blickte der Graf,
So sprach der Graf von Thal:
„Seit dreizehn Jahren den Schlaf
Nachlose Schmach mir stahl."

„War das ein Seufzer lind?
Gesellen, wer hat's gehört?"
Sprach Kurt: „Es ist nur der Wind,
Der über das Schilfblatt fährt." –

„So schwör' ich beim höchsten Gut,
Und wär's mein ehlich Weib,
Und wär's meines Bruders Blut,
Viel minder mein eigner Leib:

„Nichts soll mir wenden den Sinn,
Daß ich die Rache ihm spar';
Der Freche soll werden inn',
Zins tragen auch dreizehn Jahr'."

„Bei Gott! das war ein Gestöhn!"
Sie schossen die Blicke in Hast.
Sprach Kurt: „Es ist der Föhn,
Der macht seufzen den Tannenast." –

„Und ist sein Aug' auch blind,
Und ist sein Haar auch grau,
Und mein Weib seiner Schwester Kind–"
Hier tat einen Schrei die Frau.

Wie Wetterfahnen schnell
Die dreie wendeten sich.
„Zurück, zurück, mein Gesell!
Dieses Weibes Richter bin ich.

„Hast du gelauscht, Allgund?"
Du schweigst, du blickst zur Erd'?
Das bringt dir bittre Stund'!
Allgund, was hast du gehört?" –

„Ich lausch' deines Rosses Klang,
Ich späh' deiner Augen Schein,
So kam ich hinab den Hang.
Nun tue, was not mag sein." –

„O Frau!" sprach Jakob Port,
„Da habt Ihr schlimmes Spiel!
Grad' sprach der Herr ein Wort,
Das sich vermaß gar viel."

Sprach Kurt: „Ich sag' es rund,
Viel lieber den Wolf im Stall,
Als eines Weibes Mund
Zum Hüter in solchem Fall."

Da sah der Graf sie an,
Zu einem und zu zwei'n;

Drauf sprach zur Fraue der Mann:
„Wohl weiß ich, du bist mein.

„Als du gefangen lagst
Um mich ein ganzes Jahr
Und keine Silbe sprachst,
Da ward deine Treu' mir klar.

„So schwöre mir denn sogleich:
Sei's wenig oder auch viel,
Was du vernahmst am Teich,
Dir sei's wie Rauch und Spiel.

„Als seie nichts geschehn,
So muß ich völlig meinen;
Darf dich nicht weinen sehn,
Darfst mir nicht bleich erscheinen.

„Denk' nach, denk' nach, Allgund"
Was zu verheißen not.
Die Wahrheit spricht dein Mund,
Ich weiß, und brächt' es Tod."

Und konnte sie sich besinnen,
Verheißen hätte sie's nie;
So war sie halb von Sinnen,
Sie schwur und wußte nicht, wie.

II

Und als das Morgengrau
In die Kemnate sich stahl,

Da hatte die werte Frau
Geseufzt schon manches Mal;

Manchmal gerungen die Hand,
Ganz heimlich wie ein Dieb;
Rot war ihrer Augen Rand,
Todblaß ihr Antlitz lieb.

Drei Tage kredenzt' sie den Wein
Und saß beim Mahle drei Tag',
Drei Nächte in steter Pein
In der Waldkapelle sie lag.

Wenn er die Wacht besorgt,
Der Torwart sieht sie gehn,
Im Walde steht und horcht
Der Wilddieb dem Gestöhn'.

Am vierten Abend sie saß
An ihres Herren Seit',
Sie dreht' die Spindel, er las,
Dann sahn sie auf, alle beid'.

„Allgund, bleich ist dein Mund!" –
„Herr, 's macht der Lampe Schein." –
„Deine Augen sind rot, Allgund!" –
„'s drang Rauch vom Herde hinein.

„Auch macht mir's schlimmen Mut,
Daß heut vor fünfzehn Jahren
Ich sah meines Vaters Blut;
Gott mag die Seele wahren!

„Lang ruht die Mutter im Dom,
Sind wen'ge mir verwandt,
Ein' Muhm' noch und ein Ohm;
Sonst ist mir keins bekannt."

Starr sah der Graf sie an:
„Es steht dem Weibe fest,
Daß um den ehlichen Mann
Sie Ohm und Vater läßt." –

„Ja, Herr! so muß es sein.
Ich gäb' um Euch die zwei
Und mich noch obendrein,
Wenn's sein müßt', ohne Reu'.

„Doch, daß nun dieser Tag
Nicht gleich den andern sei,
Lest, wenn ich bitten mag,
Ein Sprüchlein oder zwei."

Und als die Fraue klar
Darauf das heil'ge Buch
Bot ihrem Gatten dar,
Es auf von selber schlug.

Mit einem Blicke er maß
Der nächsten Sprüche einen;
„Mein ist die Nach'," er las;
Des will ihm seltsam scheinen.

Doch wie so fest der Mann
Auf Frau und Bibel blickt,

Die saß so still und spann,
Dort war kein Blatt geknickt.

Um ihren schönen Leib
Den Arm er düster schlang:
„So nimm die Laute, Weib,
Sing' mir einen lust'gen Sang!" –

„O Herr! mag's Euch behagen,
Ich sing' ein Liedlein wert,
Das erst vor wenig Tagen
Mich ein Minstrel gelehrt."

„Der kam so matt und bleich,
Wollt' nur ein wenig ruhn
Und sprach: im oberen Reich
Sing' man nichts anderes nun."

Drauf, wie ein Schrei verhallt,
Es durch die Kammer klingt,
Als ihre Finger kalt
Sie an die Saiten bringt:

„Johann! Johann! was dachtest du
An jenem Tag,
Als du erschlugst deine eigne Ruh'
Mit einem Schlag?"

„Verderbtest auch mit dir zugleich
Deine drei Gesellen;
O, sieh nun ihre Glieder bleich
Am Monde schwellen!"

„Weh dir, was dachtest du, Johann,
Zu jener Stund'?
Nun läuft von dir verlornem Mann
Durchs Reich die Kund'!"

„Ob dich verbergen mag der Wald,
Dich wird's ereilen;
Horch nur, die Vögel singen's bald,
Die Wölf' es heulen!"

„O weh! das hast du nicht gedacht,
Johann! Johann!
Als du die Rache wahr gemacht
Am alten Mann."

„Und, wehe! nimmer wird der Fluch
Mit dir begraben,
Dir, der den Ohm und Herrn erschlug,
Johann von Schwaben!"

Aufrecht die Fraue bleich
Vor ihrem Gatten stand,
Der nimmt die Laute gleich,
Er schlägt sie an die Wand.

Und als der Schall verklang,
Da hört' man noch zuletzt,
Wie er die Hall' entlang
Den zorn'gen Fußtritt setzt.

III

Von heut am siebenten Tag,
Das war eine schwere Stund',
Als am Balkone lag
Auf ihren Knien Allgund.

Laut waren des Herzens Schläge:
„O Herr! erbarme dich mein,
Und bracht' ich Böses zuwege,
Mein sei die Buß' allein."

Dann beugt sie tief hinab,
Sie horcht und horcht und lauscht:
Vom Wehre tost es herab,
Vom Forste drunten es rauscht.

War das ein Fußtritt? nein!
Der Hirsch setzt über die Kluft.
Sollt' ein Signal das sein?
Doch nein, der Auerhahn ruft.

„O mein Erlöser, mein Hort!
Ich bin mit Sünde beschwert,
Sei gnädig und nimm mich fort,
Eh' heim mein Gatte gekehrt!

„Ach, wen der Böse umgarnt,
Dem alle Kraft er bricht!
Doch hab' ich ja nur gewarnt,
Verraten, verraten ja nicht!

„Weh! das sind Rossestritte."
Sie sah sie fliegen durchs Tal
Mit wildem grimmigen Ritte,
Sie sah auch ihren Gemahl.

Sie sah ihn dräuen, genau,
Sie sah ihn ballen die Hand;
Da sanken die Knie der Frau,
Da rollte sie über den Rand.

Und als, zum Schlimmen entschlossen,
Der Graf sprengt' in das Tor,
Kam Blut entgegen geflossen,
Drang unterm Gitter hervor.

Sein Weib in letzter Not,
Da konnt' er den Zorn nicht halten,
Und als er die Hände sah falten
Bleich ward sein Gesicht so rot.

„Weib, das den Tod sich erkor!" –
„'s war nicht mein Wille," sie sprach,
Noch eben bracht' sie's hervor.
„Weib, das seine Schwüre brach!"

Wie Abendlüfte verwehen,
Noch einmal haucht sie ihn an;
„Es mußt' eine Sünde geschehen –
Ich hab' sie für dich getan!"

Das Fräulein von Rodenschild

Sind denn so schwül die Nächt' im April?
Oder ist so siedend jungfräulich Blut?
Sie schließt die Wimper, sie liegt so still
Und horcht des Herzens pochender Flut.
„O will es denn nimmer und nimmer tagen!
O will denn nicht endlich die Stunde schlagen!
Ich wache, und selbst der Zeiger ruht!

Doch horch! es summt, eins, zwei und drei –
Noch immer fort? – sechs, sieben und acht,
Elf, zwölf – o Himmel, war das ein Schrei?
Doch nein, Gesang steigt über der Wacht,
Nun wird mir's klar, mit frommem Munde
Begrüßt das Hausgesinde die Stunde,
Anbrach die hochheilige Osternacht."

Seitab das Fräulein die Kissen stößt
Und wie eine Hinde vom Lager setzt,
Sie hat des Mieders Schleifen gelöst,
Ins Häubchen drängt sie die Locken jetzt,
Dann leise das Fenster öffnend, leise,
Horcht sie der mählich schwellenden Weise,
Vom wimmernden Schrei der Eule durchsetzt.

O dunkel die Nacht! und schaurig der Wind!
Die Fahnen wirbeln am knarrenden Tor –
Da tritt aus der Halle das Hausgesind'
Mit Blendlaternen und einzeln vor.
Der Pförtner dehnet sich, halb schon träumend,

Am Dochte zupfet der Jäger säumend,
Und wie ein Oger gähnet der Mohr.

Was ist? – wie das auseinander schnellt!
In Reihen ordnen die Männer sich,
Und eine Wacht vor die Dirnen stellt
Die graue Zofe sich ehrbarlich,
„Ward ich gesehn an des Vorhangs Lücke?"
Doch nein, zum Balkone starren die Blicke,
Nun langsam wenden die Häupter sich.

O weh, meine Augen! bin ich verrückt?
Was gleitet entlang das Treppengeländ'?
Hab' ich nicht so aus dem Spiegel geblickt?
Das sind meine Glieder – welch ein Geblend'!
Nun hebt es die Hände, wie Zwirnes Flocken,
Das ist mein Strich über Stirn und Locken! –
Weh, bin ich toll, oder nahet mein End'!"

Das Fräulein erbleicht und wieder erglüht,
Das Fräulein wendet die Blicke nicht,
Und leise rührend die Stufen zieht
Am Steingeländer das Nebelgesicht,
In seiner Rechten trägt es die Lampe,
Ihr Flämmchen zittert über der Rampe,
Verdämmernd, blau, wie ein Elfenlicht.

Nun schwebt es unter dem Sternendom,
Nachtwandlern gleich in Traumes Geleit,
Nun durch die Reihen zieht das Phantom,
Und jeder tritt einen Schritt zur Seit'. –
Nun lautlos gleitet's über die Schwelle –

Nun wieder drinnen erscheint die Helle,
Hinaus sich windend die Stiegen breit.

Das Fräulein hört das Gemurmel nicht,
Sieht nicht die Blicke, stier und verscheucht,
Fest folgt ihr Auge dem bläulichen Licht,
Wie dunstig über die Scheiben es streicht.
– Nun ist's im Saale, nun im Archive –
Nun steht es still an der Nische Tiefe –
Nun matter, matter – ha! es erbleicht!

„Du sollst mir stehen! ich will dich fahn!"
Und wie ein Aal die beherzte Maid
Durch Nacht und Krümmen schlüpft ihre Bahn,
Hier droht ein Stoß, dort häkelt das Kleid,
Leis tritt sie, leise, o Geisterfinne
Sind scharf! daß nicht das Gesicht entrinne!
Ja, mutig ist sie, bei meinem Eid!

Ein dunkler Rahmen, Archives Tor;
– Ha, Schloß und Riegel! – sie steht gebannt.
Sacht, sacht das Auge und dann das Ohr
Drückt zögernd sie an der Spalte Rand,
Tiefdunkel drinnen – doch einem Rauschen
Der Pergamente glaubt sie zu lauschen
Und einem Streichen entlang der Wand.

So niederkämpfend des Herzens Schlag,
Hält sie den Odem, sie lauscht, sie neigt –
Was dämmert ihr zur Seite gemach?
Ein Glühwurmleuchten – es schwillt, es steigt,
Und Arm an Arme, auf Schrittes Weite,

Lehnt das Gespenst an der Pforte Breite,
Gleich ihr zur Nachbarspalte gebeugt.

Sie fährt zurück – das Gebilde auch –
Dann tritt sie näher – so die Gestalt –
Nun stehen die beiden, Auge in Aug',
Und bohren sich an mit Vampires Gewalt.
Das gleiche Häubchen decket die Locken,
Das gleiche Linnen, wie Schnees Flocken,
Gleich ordnungslos um die Glieder wallt

Langsam das Fräulein die Rechte streckt,
Und langsam, wie aus der Spiegelwand,
Sich Linie um Linie entgegen reckt
Mit gleichem Rubine die gleiche Hand;
Nun rührt sich's – die Lebendige spüret,
Als ob ein Luftzug schneidend sie rühret,
Der Schemen dämmert – zerrinnt – entschwand.

Und wo im Saale der Reihen fliegt,
Da siehst ein Mädchen du, schön und wild,
– Vor Jahren hat's eine Weile gesiecht –
Das stets in den Handschuh die Rechte hüllt.
Man sagt, kalt sei sie wie Eises Flimmer,
Doch lustig die Maid, sie hieß ja immer:
„Das tolle Fräulein von Rodenschild".

Der Geierpfiff

„Nun still! – Du an den Dohnenschlag!
Du links an den gespaltnen Baum!
Und hier der faule Fetzer mag
Sich lagern an der Klippe Saum:
Da seht sein offen übers Land
Die Kutsche ihr heran spazieren;
Und Nieder dort, der Höllenbrand,
Mag in den Steinbruch sich postieren!

„Dann aufgepaßt mit Aug' und Ohr,
Und bei dem ersten Räderhall
Den Eulenschrei! und tritt hervor
Die Fracht, dann wiederholt den Schall.
Doch, naht Gefahr – Patrouillen gehn, –
Seht ihr die Landdragoner streifen,
Dann dreimal, wie von Riffeshöhn,
Laßt ihr den Lämmergeier pfeifen.

„Nun, Rieder, noch ein Wort zu dir:
Mit Recht heißt du der Höllenbrand;
Kein Stückchen – ich verbitt' es mir –
Wie neulich mit der kalten Hand!"
Der Hauptmann spricht es; durch den Kreis
Ein Rauschen geht und feines Schwirren,
Als sie die Büchsen schultern leis,
Und in dem Gurt die Messer klirren.

Seltsamer Troß! hier Riesenbau
Und hiebgespaltnes Angesicht,
Und dort ein Bübchen wie 'ne Frau,

Ein zierliches Spelunkenlicht;
Der drüben an dem Scheitelhaar
So sachte streift den blanken Fänger,
Schaut aus den blauen Augen gar
Wie ein verarmter Minnesänger.

's ist lichter Tag! die Bande scheut
Vor keiner Stunde – alles gleich;
es ist die rote Bande, weit
Verschrien, gefürchtet in dem Reich;
Das Knäbchen kauert unterm Stier
Und betet, raschelt es im Walde,
Und manches Weib verschließt die Tür,
Schreit nur ein Kuckuck an der Halde.

Die Posten haben sich zerstreut,
Und in die Hütte schlüpft der Troß –
Wildhüters Obdach zu der Zeit,
Als jene Trümmer war ein Schloß:
Wie Ritter vor der Ahnengruft,
Fühlt sich der Räuber stolz gehoben
Am Schutte, dran ein gleicher Schuft
Vor Jahren einst den Brand geschoben.

Und als der letzte Schritt verhallt,
Der letzte Zweig zurück gerauscht,
Da wird es einsam in dem Wald,
Wo überm Ast die Sonne lauscht!
Und als es drinnen noch geklirrt
Und noch ein Weilchen sich geschoben,
Da still es in der Hütte wird,
Vom wilden Weingerank umwoben.

Der scheue Vogel setzt sich kühn
Aufs Dach und wiegt sein glänzend Haupt.
Und summend durch der Neben Grün
Die wilde Biene Honig raubt;
Nur leise wie der Hauch im Tann,
Wie Weste durch die Halme streifen,
Hört drinnen leise, leise man
Vorsichtig an den Messern schleifen.

Ja, lieblich ist des Berges 'Maid
In ihrer festen Glieder Pracht,
In ihrer blanken Fröhlichkeit
Und ihrer Zöpfe Rabennacht;
Siehst du sie brechen durchs Genist
Der Brombeerranken, frisch, gedrungen,
Du denkst, die Zentifolie ist
Vor Übermut vom Stiel gesprungen.

Nun steht sie still und schaut sich um –
All überall nur Baum an Baum;
Ja, irre zieht im Walde um
Des Berges Maid und glaubt es kaum;
Noch zwei Minuten, wo sie sann,
Pulsieren ließ die heißen Glieder –
Behende wie ein Marder dann
Schlüpft keck sie in den Steinbruch nieder.

Am Eingang steht ein Felsenblock,
Wo das Geschiebe überhängt;
Der Efeu schüttelt sein Gelock,
Zur grünen Laube vorgedrängt,
Da unterm Dache lagert sie,

Behaglich lehnend an dem Steine,
Und denkt: ich sitze wahrlich wie
Ein Heil'genbildchen in dem Schreine!

Ihr ist so warm, der Zöpfe Paar
Sie löset mit der runden Hand,
Und nieder rauscht ihr schwarzes Haar
Wie Rabensittiches Gewand.
Ei! denkt sie, bin ich doch allein!
Auf springt das Spangenpaar am Mieder;
Doch unbeweglich gleich dem Stein
Steht hinterm Block der wilde Rieder:

Er sieht sie nicht, nur ihren Fuß,
Der tändelnd schaukelt wie ein Schiff,
Zuweilen treibt des Windes Gruß
Auch eine Locke um das Riff,
Doch ihres heißen Odems Zug,
Samumes Hauch, glaubt er zu fühlen,
Verlorne Laute, wie im Flug
Lockvögel, um das Ohr ihm spielen.

So weich die Luft und badewarm,
Berauschend Thymianes Duft,
Sie lehnt sich, dehnt sich, ihren Arm,
Den vollen, streckt sie aus der Kluft,
Schließt dann ihr glänzend Augenpaar –
Nicht schlafen, ruhn nur eine Stunde –
So dämmert sie, und die Gefahr
Wächst von Sekunde zu Sekunde.

Nun alles still – sie hat gewacht –
Doch hinterm Steine wird's belebt,
Und seine Büchse sachte, sacht
Der Rieder von der Schulter hebt,
Lehnt an die Klippe ihren Lauf,
Dann lockert er der Messer Klingen,
Hebt nun den Fuß – was hält ihn auf?
Ein Schrei scheint aus der Luft zu dringen:

Ha, das Signal! – er ballt die Faust –
Und wiederum des Geiers Pfiff
Ihm schrillend in die Ohren saust –
Noch zögert knirschend er am Riff –
Zum drittenmal – und sein Gewehr
Hat er gefaßt – hinan die Klippe!
Daß bröckelnd Kies und Sand umher
Nachkollern von dem Steingerippe.

Und auch das Mädchen fährt empor:
„Ei, ist so locker das Gestein?"
Und langsam, gähnend tritt hervor
Sie aus dem falschen Heil'genschrein,
Hebt ihrer Augen feuchtes Glühn,
Will nach dem Sonnenstrande schauen,
Da sieht sie einen Geier ziehn
Mit einem Lamm in seinen Klauen.

Und schnell gefaßt, der Wildnis Kind,
Tritt sie entgegen seinem Flug:
Der kam daher, wo Menschen sind,
Das ist der Bergesmaid genug.
Doch still! war das nicht Stimmenton

Und Räderknarren? still! sie lauscht –
Und wirklich, durch die Nadeln schon
Die schwere Kutsche ächzt und rauscht.

„He, Mädchen!" ruft es aus dem Schlag,
Mit feinem Knicks tritt sie heran:
„Zeig' uns zum Dorf die Wege nach,
Wir fuhren irre in dem Tann!" –
„Herr," spricht sie lachend, „nehmt mich auf,
Auch ich bin irr' und führ' Euch doch." –
„Nun wohl, du schmuckes Kind, steig' auf,
Nur frisch hinauf, du zögerst noch?" –

„Herr, was ich weiß, ist nur gering,
Doch führt es Euch zu Menschen hin,
Und das ist schon ein köstlich Ding
Im Wald, mit Räuberhorden drin:
Seht, einen Weih am Bergeskamm
Sah steigen ich aus jenen Gründen,
Der in den Fängen trug ein Lamm;
Dort muß sich eine Herde finden." –

Am Abend steht des Forstes Held
Und flucht die Steine warm und kalt;
Der Wechsler freut sich, daß sein Geld
Er klug gesteuert durch den Wald:
Und nur die gute, franke Maid
Nicht ahnet in der Träume Walten,
Daß über sie so gnädig heut
Der Himmel seinen Schild gehalten.

Erzählende Gedichte

Die junge Mutter

Im grün verhangnen duftigen Gemach
Aus weißen Kissen liegt die junge Mutter;
Wie brennt die Stirn! sie hebt das Auge schwach,
Zum Bauer, wo die Nachtigall das Futter
Den nackten Jungen reicht: „Mein armes Tier,"
So flüstert sie, „und bist du auch gefangen
Gleich mir, wenn draußen Lenz und Sonne prangen,
So hast du deine Kleinen doch bei dir."

Den Vorhang hebt die graue Wärterin
Und legt den Finger mahnend auf die Lippen;
Die Kranke dreht das schwere Auge hin,
Gefällig will sie von dem Tranke nippen;
Er mundet schon, und ihre bleiche Hand
Faßt fester den Kristall – o milde Labe! –
„Elisabeth, was macht mein kleiner Knabe?" –
„Er schläft," versetzt die Alte abgewandt.

Wie mag er zierlich liegen! – Kleines Ding! –
Und selig lächelnd sinkt sie in die Kissen;
Ob man den Schleier um die Wiege hing,
Den Schleier, der am Erntefest zerrissen?
Man sieht es kaum, sie flickte ihn so nett,
Daß alle Frauen höchlich es gepriesen,
Und eine Ranke ließ sie drüber sprießen.
„Was läutet man im Dom, Elisabeth?" –

„Madame, wir haben heut Mariatag."
So hoch im Mond? sie kann sich nicht besinnen.–
Wie war es nur? – doch ihr Gehirn ist schwach,
Und leise suchend zieht sie aus den Linnen
Ein Häubchen, in dem Strahle kümmerlich
Läßt sie den Faden in die Nadel gleiten;
So ganz verborgen will sie es bereiten,
Und leise, leise zieht sie Stich um Stich.

Da öffnet knarrend sich die Kammertür,
Vorsicht'ge Schritte übern Teppich schleichen.
„Ich schlafe nicht, Rainer, komm her, komm hier!
Wann wird man endlich mit den Knaben reichen?"
Der Gatte blickt verstohlen himmelwärts,
Küßt wie ein Hauch die kleinen heißen Hände:
„Geduld, Geduld, mein Liebchen, bis zum Ende!
Du bist noch gar zu leidend, gutes Herz." –

„Du duftest Weihrauch, Mann." – „Ich war im Dom;
Schlaf, Kind!" und wieder gleitet er von dannen.
Sie aber näht, und liebliches Phantom
Spielt um ihr Aug' von Auen, Blumen, Tannen. –
Ach, wenn du wieder siehst die grüne Au,
Siehst über einem kleinen Hügel schwanken
Den Tannenzweig und Blumen drüber ranken,
Dann tröste Gott dich, arme junge Frau!

Die beschränkte Frau

Ein Krämer hatte eine Frau,
Die war ihm schier zu sanft und milde,
Ihr Haar zu licht, ihr Aug' zu blau,
Zu gleich ihr Blick dem Mondenschilde;
Wenn er sie sah so still und sacht
Im Hause gleiten wie ein Schemen,
Dann faßt' es ihn wie böse Macht,
Er mußte sich zusammennehmen.

Vor allem macht' ihm Überdruß
Ein Wort, das sie an alles knüpfte,
Das freilich in der Rede Fluß
Gedankenlos dem Mund entschlüpfte:
„In Gottes Namen," sprach sie dann,
Wenn schwere Prüfungsstunden kamen,
Und wenn zu Weine ging ihr Mann,
Dann sprach sie auch: „In Gottes Namen."

Das schien ihm lächerlich und dumm,
Mitunter frevelhaft vermessen;
Oft schalt er, und sie weinte drum
Und hat es immer doch vergessen.
Gewöhnung war es früher Zeit
Und klösterlich verlebter Jugend;
So war es keine Sündlichkeit
Und war auch eben keine Tugend.

Ein Sprichwort sagt: Wem gar nichts fehlt,
Den ärgert an der Wand die Fliege;
So hat dies Wort ihn mehr gequält,

Als andre Hinterlist und Lüge.
Und sprach sie sanft: „Es paßte schlecht!"
Durch Demut seinen Groll zu zähmen,
So schwor er, übel oder recht,
Werd' es ihn ärgern und beschämen.

Ein Blütenhag war seine Lust.
Einst sah die Frau ihn sinnend stehen
Und, ganz versunken, unbewußt,
So Zweig an Zweig vom Strauche drehen;
„In Gottes Namen!" rief sie, „Mann,
„Du ruinierst den ganzen Hagen!"
Der Gatte sah sie grimmig an,
Fürwahr, fast hätt' er sie geschlagen.

Doch wer da Unglück sucht und Reu',
Dem werden sie entgegen eilen.
Der Handel ist ein zart Gebäu
und ruht gar sehr auf fremden Säulen:
Ein Freund falliert, ein Schuldner flieht,
Ein Gläub'ger will sich nicht gedulden,
Und eh' ein halbes Jahr verzieht,
Weiß unser Krämer sich in Schulden.

Die Gattin hat ihn oft gesehn
Gedankenvoll im Sande waten,
Am Kontobuche seufzend stehn
Und hat ihn endlich auch erraten;
Sie öffnet heimlich ihren Schrein,
Langt aus verborgner Fächer Grube,
Dann, leise wie der Mondenschein,
Schlüpft sie in ihres Mannes Stube.

Der saß, die schwere Stirn gestützt,
Und rauchte fort am kalten Rohre:
„Karl!" drang ein scheues Flüstern itzt
Und wieder „Karl!" zu seinem Ohre;
Sie stand vor ihm, wie Blut so rot,
Als gält' es eine Schuld gestehen.
„Karl," sprach sie, „wenn uns Unheil droht,
Ist's denn unmöglich, ihm entgehen?"

Drauf reicht sie aus der Schürze dar
Ein Säckchen, stramm und schwer zu tragen,
Drin alles, was sie achtzehn Jahr
Erspart am eigenen Behagen.
Er sah sie an mit raschem Blick
Und zählte, zählte nun aufs neue,
Dann sprach er seufzend: „Mein Geschick
Ist zu verwirrt – dies langt wie Spreue!

Sie bot ein Blatt und wandt' sich um,
Erzitternd, glüh gleich der Granate;
Es war ihr kleines Eigentum,
Das Erbteil einer frommen Pate.
„Nein," sprach der Mann, „das soll nicht sein!"
Und klopfte freundlich ihre Wangen.
Dann warf er einen Blick hinein
Und sagte dumpf: „Schier möcht' es langen."

Nun nahm sie aus der Schürze Grund
All ihre armen Herrlichkeiten,
Teelöffelchen, Dukaten rund,
Was ihr geschenkt von Kindeszeiten.
Sie gab es mit so freud'gem Zug!

Doch war's, als ob ihr Mund sich regte,
Als sie zuletzt aufs Kontobuch
Der sel'gen Mutter Trauring legte.

„Fast langt es," sprach gerührt der Mann,
„Und dennoch kann es schmählich enden;
Willst du dein Leben dann fortan,
Geplündert, fristen mit den Händen?"
Sie sah ihn an – nur Liebe weiß
An liebem Blicke so zu hangen –
„In Gottes Namen!" sprach sie leis,
Und weinend hielt er sie umfangen.

Des alten Pfarrers Woche

Sonntag

Das ist nun so ein schlimmer Tag,
Wie der April ihn bringen mag
Mit Schlacken, Schnee und Regen.
Zum drittenmal in das Gebraus
Streckt Jungfer Anne vor dem Haus
Ihr kupfern Blendlaternchen aus
Und späht längs allen Wegen.

„Wo nur der Pfarrer bleiben kann?
Ach, sicher ist dem guten Mann
Was übern Weg gefahren!
Ein Pfleger wohl, der Rechnung macht. –
Aus war der Gottesdienst um acht:

Soll man so streifen in der Nacht
Bei Gicht und grauen Haaren!"

Sie schließt die Türe, schüttelt baß
Ihr Haupt und wischt am Brillenglas!
So gut dünkt ihr die Stube;
Im Ofen kracht's, der Lampenschein
Hellt überm Tisch den Sonntagswein,
Und lockend lädt der Sessel ein
Mit seiner Kissengrube.

Pantoffeln – Schlafrock – alles recht!
Sie horcht aufs neu; doch hört sie schlecht,
Es schwirrt ihr vor den Ohren.
„Wie? hat's geklingelt? – Ei der Daus,
Zum zweiten Male! schnell hinaus!"
Da tritt der Pfarrer schon ins Haus,
Ganz blau und steif gefroren.

Die Jungfrau blickt ein wenig quer,
Begütigend der Pfarrer her,
Wie's recht in diesem Orden.
Dann hustet er: „Nicht Mond noch Stern!
Der lahme Friedrich hört doch gern
Ein christlich Wort am Tag des Herrn,
Es ist mir spät geworden!"

Nun sinkt er in die Kissen fest,
Wirft ab die Kleider ganz durchnäßt
Und schlürft der Traube Segen.
Ach Gott! wer nur jahraus, jahrein
In andrer Dienste lebt allein,

Weiß, war; es heißt, beim Sonntagswein
Sich auch ein wenig pflegen.

Montag

„Wenn ich Montage früh erwache,
Wird mir's ganz behaglich gleich;
Montag hat so eigne Sache
In dem kleinen Wochenreich.
Denn die Predigt liegt noch ferne,
Alle Sorgen scheinen leicht;
Keiner kommt am Montag gerne,
Sei's zur Trauung, sei's zur Beicht'.

„Und man darf mir's nicht verdenken,
Will ich in des Amtes Frist
Dem ein freies Stündchen schenken,
Was doch auch zu loben ist.
So erwacht denn, ihr Gesellen
Meiner fleiß'gen Jugendzeit!
Wollt' in Reih' und Glied euch stellen,
Alte Bilder, eingeschneit!

„Ilion will ich bekriegen,
Mit Horaz auf Reisen gehn,
Will mit Alexander siegen
Und an Memnons Säule stehn,
Oder auch vergnügt ergründen,
Was das Vaterland gebracht,
Mich mit Kant und Wolf verbünden,
Ziehn mit Laudon in die Schlacht."
Auf der Bücherleiter traben

Sieh den Pfarrer, lustentbrannt,
Sich verschanzen, sich vergraben
Unter Heft und Foliant.
Blättern sieh ihn – nicken – spüren –
Ganz versunken sitzen dann,
Daß mit einer Linie rühren
Du das Buch magst und den Mann.

Doch was kann ihn so bewegen?
Aufgeregt scheint sein Gehirn!
Und das Käppchen ganz verwegen
Drückt er hastig in die Stirn.
Nun beginnt er gar zu pfeifen,
Horch! das Lied vom Prinz Eugen;
Seinen weißen Busenstreifen
Seh' ich auf und nieder gehn.

Ha, nun ist der Türk' geschlagen!
Und der Pfarrer springt empor!
Höher seine Brauen ragen,
Senkrecht steht sein Pfeifenrohr.
Im Triumph muß er sich denken
Mit dem Kaiser und dem Staat,
Sieht sich selbst den Säbel schwenken,
Fühlt sich selber als Soldat.

Aber draußen klappern Tritte,
Nach dem Pfarrer fragt es hell,
Der, aus des Gefechtes Mitte,
Huscht in seinen Sessel schnell.
„Ei! das wären saubre Kunden!
Beichtkind und Kommunikant!

Hättet ihr den Pfarr' gefunden
Mit dem Säbel in der Hand!"

Dienstag

Auf der breiten Tenne drehn
Paar an Paar so nett,
Wo die Musikanten stehn,
Geig' und Klarinett' –
Auch der Brummbaß rumpelt drein –
Sieht man noch den Bräut'gamsschrein
Und das Hochzeitbett.

Etwas eigen, etwas schlau
Und ein wenig bleich,
Sittsam sieht die junge Frau,
Würdevoll zugleich;
Denn sie ist des Hauses Sproß,
Denn sie führt den Ehgenoß
In ihr Erb' und Reich.

Sippschaft ist ein weites Band,
Geht gar viel hinein;
Hundert Kappen goldentbrannt,
Kreuze funkeln drein;
Wie das drängt und wie das schiebt!
Was sich kennt und was sich liebt,
Will beisammen sein.

Nun ein schallend Vivat bricht
In dem Schwarme aus,
Wo sogar die Tiere nicht

Weigern den Applaus.
Ja, wie an der Krippe fein
Brüllen Ochs und Eselein
Übern Trog hinaus.

Ganz verdutzt der junge Mann
Kaum die Flasche hält,
Späße hageln drauf und dran,
Keiner neben fällt;
Doch er lacht und reicht die Hand.
Nun, er ist für seinen Stand,
Schon ein Mann von Welt.

Alte Frauen, schweißbedeckt,
Junge Mägd' im Lauf
Spenden, was der Korb verdeckt,
Reihen ab und auf.
Sieben Tische kann man sehn,
Sieben Kaffeekessel stehn
Breit und glänzend drauf.

Aber freundlich, wie er kam,
Sucht der Pfarrer gut
Drüben unter tausend Kram
Seinen Stab und Hut,
Dankt noch schön der Frau vom Haus;
In die Dämmerung hinaus
Trabt er wohlgemut;

Wandelt durch die Abendruh',
Sinnend allerlei:
„Ei dort ging es löblich zu,

Munter, und nicht frei.
Aber – aber – aber doch –"
Und ein langes Aber noch
Fügt er seufzend bei.

„Wie das flimmert! wie das lacht!
Kanten händebreit!"
Ach, die schnöde Kleiderpracht
Macht ihm tausend Leid.
Und nun gar – er war nicht blind –
Eines armen Mannes Kind;
Nein, das ging zu weit.

Kurz, er nimmt sich's ernstlich vor,
Heut und hier am Steg –
Ja, an der Gemeinde Ohr,
Wächter treu und reg,
Will er's tragen ungescheut;
O, er findet schon die Zeit
Und den rechten Weg.

Mittwoch

Begleitest du sie gern,
Des Pfarrers Lust und Plagen:
Sich gleich an allen Tagen
Triffst du den frommen Herrn.
Der gute Seelenhirt!
Tritt über seine Schwelle:
Da ist er schon zur Stelle
Als des Kollegen Wirt.

In wohlgemeinten Sorgen,
Wie er geschäftig tut!
Doch dämmert kaum der Morgen,
Dies eben dünkt ihm gut.
Am Abend kam der Freund,
Erschöpft nach Art der Gäste;
Nun säubre man aufs beste,
Daß alles nett erscheint.

Nun strahlt die große Kanne,
Die Teller blitzen auf;
Noch scheuert Jungfer Anne
Und horcht mitunter auf.
Ach, sollte sie der Gast
Im alten Jäckchen finden,
Sie müßte ganz verschwinden
Vor dieser Schande Last.

Und was zur Hand tut stehen,
Das reizt den Pfarrer sehr,
Die Jungfer wird's nicht sehen,
Er macht sich drüber her;
Die Schlaguhr greift er an
Mit ungeschickten Händen
Und sucht sie sacht zu wenden,
Der übermüt'ge Mann!

Schleppt Foliantenbürde,
Putzt Fensterglas und Tisch;
Fürwahr, mit vieler Würde
Führt er den Flederwisch.
Am Paradiesesbaum

Die Blätter, zart aus Knochen,
Eins hat er schon zerbrochen,
Jedoch man sieht es kaum.

Und als er just in Schatten
Die alte Klingel stellt –
Es kömmt ihm wohl zu statten –
Da rauscht es draußen, gelt!
Fidel schlägt an in Hast,
Die Jungfer ist geflüchtet,
Und, stattlich ausgerichtet,
Begrüßt der Pfarr' den Gast.

Wie dem so wohl gefallen,
Die Aussicht und das Haus,
Wie der entzückt von allen,
Nicht Worte drücken's aus!
Ich sag' es ungeniert:
Sie kamen aus den Gleisen,
Sich Ehre zu erweisen,
Der Gast und auch der Wirt.

Und bei dem Mittagessen,
Das man vortrefflich fand,
Da ward auch nicht vergessen
Der Lehr- und Ehrenstand.
Ich habe viel gehört,
Doch nichts davon getragen,
Nur dieses mag ich sagen:
Sie sprachen sehr gelehrt.

Und sieh nur! drüben schreitet
Der gute Pfarrer just,
Er hat den Gast geleitet
Und spricht aus voller Brust:
„Es ist doch wahr! mein Haus,
So nett und blank da droben,
Ich muß es selber loben,
Es nimmt sich einzig aus."

Donnerstag

Winde rauschen, Flocken tanzen,
Jede Schwalbe sucht das Haus,
Nur der Pfarrer unerschrocken
Segelt in den Sturm hinaus.
Nicht zum besten sind die Pfade,
Aber leidlich würd' es sein,
Trüg' er unter seinem Mantel
Nicht die Apfel und den Wein.

Ach, ihm ist so wohl zumute,
Daß dem kranken Zimmermann
Er die längst gegönnte Gabe
Endlich einmal bieten kann.
Immer muß er heimlich lachen,
Wie die Anne Apfel las,
Und wie er den Wein stibitzte,
Während sie im Keller saß.

Längs des Teiches sieh ihn flattern,
Wie er rudert, wie er streicht,
Kann den Mantel nimmer zwingen,

Mit den Fingern, starr und feucht.
Öfters aus dem trüben Auge,
Eine kalte Zähre bricht,
Wehn ihm seine grauen Haare
Spinnenwebig ums Gesicht.

Doch, gottlob! da ist die Hütte,
Und nun öffnet sich das Haus,
Und nun keuchend aus der Tenne
Schüttelt er die Federn aus.
Ach, wie freut der gute Pfarrer
Sich am blanken Feuerschein!
Wie geschäftig schenkt dem Kranken
Er das erste Gläschen ein.

Setzt sich an des Lagers Ende,
Stärkt ihm bestens die Geduld,
Und von seinen frommen Lippen
Einfach fließt das Wort der Huld.
Wenn die abgezehrten Hände
Er so fest in seine schließt,
Anders fühlt sich dann der Kranke,
Meint, daß gar nichts ihn verdrießt.

Mit der Einfalt, mit der Liebe
Schmeichelt er die Seele wach,
Kann an jedes Herz sich legen,
Sei es kraftvoll oder schwach.
Aber draußen will es dunkeln,
Draußen tröpfelt es vom Dach; –
Lange sehn ihm nach die Kinder,
Und der Kranke seufzt ihm nach.

Freitag

Zu denken in gestandnen Tagen
Der Sorge, die so treulich sann,
Der Liebe, die ihn einst getragen,
Wohl ziemt es jedem Ehrenmann.
Am Lehrer alt, am Schüler mild
Magst du nicht selten es gewahren;
Und sind sie beide grau von Haaren,
Um desto werter ist das Bild.

Zumeist dem Priester wird beschieden
Für frühe Treue dieser Lohn;
Nicht einsam ist des Alters Frieden,
Der Zögling bleibt sein lieber Sohn.
Ja, was erstarrt im Lauf der Zeit
Und wehrt dem Neuen einzudringen,
Des Herzens steife Flechten schlingen
Sich fester um Vergangenheit.

So läßt ein wenig Putz gefallen
Sich heut der gute Pfarrer gern:
Das span'sche Rohr, die Silberschnallen,
Denn heute geht's zum jungen Herrn.
Der mag in reifen Jahren stehn,
Da ihn erwachs'ne Kinder ehren;
Allein das kann den Pfarr' nicht stören,
Der ihn vorzeiten klein gesehn.

Still wandelnd durch des Parkes Linden,
In deren Schutz das Veilchen blüht,
Der Alte muß es freundlich finden,

Daß man so gern ihn Freitags sieht;
Er weiß, dem Junker sind noch frisch
Die lieben längst entschwundnen Zeiten
Und seines Lehrers schwache Seiten:
Ein Gläschen Wein, ein guter Fisch.

Schon tritt er in des Tores Halle;
Da, wie aus reifem Erbsenbeet
Der Spatzen Schar, so hinterm Walle
Bevor es flattert, lacht und kräht;
Der kleinen Junker wilde Schar,
Die still gelauscht im Mauerbogen
Und nun den Pfarrer so betrogen,
So überrumpelt ganz und gar.

Das stürmt auf ihn von allen Seiten,
Das klammert überall sich an;
Fürwahr, mühselig muß er schreiten,
Der müde und geduld'ge Mann.
Jedoch er hat sie allzu gern,
Die ihn so unbarmherzig plagen,
Und fast zu viel läßt er sie wagen,
Die junge Brut des jungen Herrn.
Wie dann des Hauses Wirt sich freute,
Der Mann mit früh ergrautem Haar,
Nicht wich von seines Lehrers Seite
Und rückwärts ging um dreißig Jahr;
Wie er in alter Zeiten Bann
Nur flüsternd sprach nach Schüler Weise,
Man sieht es an und lächelt leise,
Doch mit Vergnügen sieht man's an.

Und später beim Spazierengehen,
Die beiden hemmen oft den Schritt,
Nach jeder Blume muß man sehen,
Und manche Pflanze wandert mit.
Der eine ist des Amtes bar,
Nichts hat der andre zu regieren;
Sie gehn aufs neu botanisieren,
Der Theolog und sein Scholar.

Doch mit dem Abend naht das Scheiden,
Man schiebt es auf, doch kömmt's heran,
Die Kinder wollen's gar nicht leiden.
Am Fenster steht der Edelmann
Und spinnt noch lange, lange aus
Vielfarb'ger Bilder bunt Gezwirne;
Dann fährt er über seine Stirne
Und atmet auf und ist zu Haus.

Samstag

Wie funkeln hell die Sterne,
Wie dunkel scheint der Grund,
Und aus des Teiches Spiegel
Steigt dort der Mond am Hügel
Grad' um die elfte Stund'.

Da hebt vom Predigthefte
Der müde Pfarrer sich;
Wohl war er unverdrossen,
Und endlich ist's geschlossen
Mit langem Federstrich.

Nun öffnet er das Fenster,
Er trinkt den milden Duft
Und spricht: „Wer sollt' es sagen,
Noch Schnee vor wenig Tagen
Und dies ist Maienluft."

Die strahlende Rotunde
Sein ernster Blick durchspäht,
Schon will der Himmelswagen
Die Deichsel abwärts tragen:
„Ja, ja, es ist schon spät!"

Und als dies Wort gesprochen,
Es fällt dem Pfarrer auf,
Als müss' er eben deuten
Auf sich der ganz zerstreuten,
Arglosen Rede Lauf.

Nie schien er sich so hager,
Nie fühlt' er sich so alt,
Als seit er heut begraben
Den langen Moritz Raben,
Den Förster dort vom Wald.

Am gleichen Tag geboren,
Getauft am gleichen Tag!
Das ist ein seltsam Wesen
Und läßt uns deutlich lesen,
Was wohl die Zeit vermag!

Der Nacht geheimes Funkeln,
Und daß sich eben muß,

Wie Mondesstrahlen steigen,
Der frische Hügel zeigen,
Das Kreuz an seinem Fuß:

Das macht ihn ganz beklommen,
Den sehr betagten Mann,
Er sieht den Flieder schwanken,
Und längs des Hügels wanken
Die Schatten ab und an.

Wie oft sprach nicht der Tote
Nach seiner Weise kühn:
„Herr Pfarr', wir alten Knaben,
Wir müssen sachte traben,
Die Kirchhofsblumen blühn."

„So mögen sie denn blühen!"
Spricht sanft der fromme Mann;
Er hat sich ausgerichtet,
Sein Auge, mild umlichtet,
Schaut fest den Äther an.

„Hast du gesandt ein Zeichen
Durch meinen eignen Mund
Und willst mich gnädig mahnen
An unser aller Ahnen
Uralten ew'gen Bund;

Nicht lässig sollst du finden
Den, der dein Siegel trägt,
Doch nach dem letzten Sturme" –

Da eben summt's vom Turme,
Und zwölf die Glocke schlägt.

„Ja, wenn ich bin entladen
Der Woche Last und Pein,
Dann führe, Gott der Milde,
Das Werk nach deinem Bilde
In deinen Sonntag ein!"

Der sterbende General

Er lag im dichtverhängten Saal,
Wo grau der Sonnenstrahl sich brach,
 Auf seinem Schmerzensbette lag
Der alte kranke General.
Genüber ihm am Spiegel hing
Scharpe, Orden, Feldherrnstab.
Still war die Luft, am Fenster ging
Langsam die Schildwach' auf und ab.

Wie der verwitterte Soldat
So stumm die letzte Fehde kämpft!
Zwölf Stunden, seit zuletzt gedämpft
Um „Wasser" er, um „Wasser" bat.
An seinem Kissen beugten zwei,
Des einen Auge rotgeweint,
Des andern düster, fest und treu,
Ein Diener und ein alter Freund.

„Tritt seitwärts," sprach der eine, „laß
Ihn seines Standes Ehren sehn! –
Den Vorhang weg, daß flatternd wehn
Die Bänder an dem Spiegelglas!"
Der Kranke schlug die Augen auf,
Man sah wohl, daß er ihn verstand,
Ein Blick, ein leuchtender, und drauf
Hat er sich düster abgewandt.

„Denkst du mein alter Kamerad
Der jubelnden Viktoria?
Wie flogen unsre Banner da
Durch der gemähten Feinde Saat!
Denkst du an unsere Prinzen Wort:
‚Man sieht es gleich, hier stand der Wart!'
Schnell, Konrad, nehmt die Decke fort,
Sein Odem wird so kurz und hart!"

Der Obrist lauscht, er murmelt sacht:
„Verkümmert wie ein welkes Blatt!
Das Dutzend Friedensjahre hat
Zum Kapuziner ihn gemacht. –
Wart! Wart! du hast so frisch und licht
So oft dem Tode dich gestellt,
Die Furcht, ich weiß es, kennst du nicht,
So stirb auch freudig wie ein Held!

„Stirb, wie eine Leue, adelig,
In seiner Brust das Bleigeschoß,
O stirb nicht, wie ein zahnlos Roß,
Das zappelt vor des Henker; Stich! –
– Ha, seinem Auge kehrt der Strahl! –

Stirb, alter Freund, stirb wie ein Mann!"
Der Kranke zuckt, zuckt noch einmal,
Und „Wasser, Wasser" stöhnt er dann.

Leer ist die Flasche. – „Wache dort,
He, Wache, du bist abgelöst!
Schau, wo ans Haus das Gitter stößt,
Lauf, Wache, lauf zum Vorne fort! –
's ist auch ein grauer Knasterbart
Und strauchelt wie ein Dromedar –
Nur schnell, die Sohlen nicht gespart!
Was, alter Bursche, Tränen gar?"

„Mein Kommandant," spricht der Ulan
Grimmig verschämt, „ich dachte nach,
Wie ich blessiert am Strauche lag,
Der General mir nebenan,
Und wie er mir die Flasche bot,
Selbst dürstend in dem Sonnenbrand,
Und sprach: ‚Du hast die schlimmste Not.'
Dran dacht' ich nur, mein Kommandant!"

Der Kranke horcht, durch sein Gesicht
Zieht ein verwittert Lächeln, dann
Schaut fest den Veteran er an. –
Die Seele, der Viktorie nicht,
Nicht Fürstenwort gelöst den Flug,
Auf einem Tropfen Menschlichkeit
Schwimmt mit dem letzten Atemzug
Sie lächelnd in die Ewigkeit.

Das geistliche Jahr

Am Neujahrstage

Das Auge sinkt, die Sinne wollen scheiden,
Fahr' wohl, du altes Jahr mit Freud' und Leiden!
Der Himmel schenkt ein neues, wenn er will.
So neigt der Mensch sein Haupt an Gottes Güte,
Die alte fällt, es keimt die neue Blüte,
Aus Eis und Schnee die Pflanze Gottes still.

Die Nacht entflieht, der Schlaf den Augenlidern;
Willkommen, junger Tag mit deinen Brüdern!
Wo bist du denn, du liebes neues Jahr?
Da steht es in des Morgenlichtes sprangen,
Es hat die ganze Erde rings umfangen
Und schaut ihm in die Augen ernst und klar.

„Gegrüßt, du Menschenherz mit deinen Schwächen,
Du Herz voll Kraft und Reue und Gebrechen,
Ich bringe neue Prüfungszeit vom Herrn!"
Gegrüßt, du neues Jahr mit deinen Freuden,
Das Leben ist so süß, und wären? Leiden,
Ach, alles nimmt man mit dem Leben gern.

„O Menschenherz, wie ist dein Haus zerfallen!
Wie magst du doch, du Erbe jener Hallen,
Wie magst du wohnen in so wüstem Graus?"
O neues Jahr, ich bin ja nie daheime,
Ein Wandersmann durchzieh' ich ferne Räume:
Es heißt wohl so, es ist doch nicht mein Haus.

„O Menschenherz, was hast du denn zu treiben,
Daß du nicht kannst in deiner Heimat bleiben,
Und halten sie bereit für deinen Herrn?"
O neues Jahr, du mußt noch viel erfahren;
Kennst du nicht Krieg und Seuchen und Gefahren?
Und meine liebsten Sorgen wohnen fern.

„O Menschenherz, kannst du denn alles zwingen?
Muß dir der Himmel Tau und Regen bringen,
Und öffnet sich die Erde deinem Wort?"
Ach nein, ich kann nur sehn und mich betrüben,
Es ist noch leider nach wie vor geblieben,
Und geht die angewiesnen Wege fort.

„O tückisch Herz, du willst es nur nicht sagen,
Die Welt hat ihre Zelte aufgeschlagen,
Drin labt sie dich mit ihrem Taumelwein!"
Der bittre Becher mag mich nicht erfreuen,
Sein Schaum heißt Sünde und fein Trank Gereuen,
Zudem läßt mich die Sorge nie allein.

„Hör' an, o Herz, ich will es dir verkünden:
Willst du den Pfeil in feinem Fluge binden?
Du siehst sein Ziel nicht, hat er darum keins?"
Ich weiß es wohl, uns ist ein Tag bereitet,
Da wird es klar, wie alles wohl geleitet
Und all die tausend Ziele dennoch eins.

„O Herz, du bist von Torheit ganz befangen!
Dies alles weißt du, und dir mag nicht bangen?
O böser Diener, treulos aller Pflicht!

Ein seglich Ding füllt seinen Platz mit Ehren,
Geht seinen Weg und läßt sich nimmer stören:
Dein Gleichnis gibt es auf der Erde nicht.

„Du hast den Frieden freventlich vertrieben!
Doch Gottes Gnad' ist grundlos wie sein Lieben:
O kehre heim in dein verödet Haus!
Kehr' heim in deine dunkle, wüste Zelle,
Und wasche sie mit deinen Tränen helle,
Und lüfte sie mit deinen Seufzern aus!

„Und willst du treu die Blicke auswärts wenden,
So wird der Herr sein heilig Bild dir senden,
Daß du es hegst in Glauben und Vertraun.
Dann darfst du einst an deinem Kranze winden,
Und sollte dich das neue Jahr noch finden,
So mög es in ein Gotteshäuslein schaun!"

Am ersten Sonntag nach heiligen drei Könige
Evang.: Jesus lehrte im Tempel

Und sieh, ich habe dich gesucht mit Schmerzen,
Mein Herr und Gott, wo werde ich dich finden?
Ach, nicht im eignen ausgestorbnen Herzen,
Wo längst dein Ebenbild erlosch in Sünden:
Da tönt aus allen Winkeln, ruf' ich dich,
Mein eignes Echo wie ein Spott um mich.

Wer einmal hat dein göttlich Bild verloren,
Was ihm doch eigen war wie seine Seele,
Mit dem hat sich die ganze Welt verschworen,
Daß sie dein heilig Antlitz ihm verhehle;

Und wo der Fromme dich aus Tabor schaut,
Da hat er sich im Tal sein Haus gebaut.

So muß ich denn zu meinem Graun erfahren
Das Rätsel, das ich nimmer konnte lösen,
Als mir in meinen hellen Unschuldsjahren
Ganz unbegreiflich schien, was da vom Bösen:
Daß eine Seele, wo dein Bild geglüht,
Dich gar nicht mehr erkennt, wenn sie dich sieht.

Rings um mich tönt der klare Vogelreigen:
„Horch auf, die Vöglein singen seinem Ruhme!"
Und will ich mich zu einer Blume neigen:
„Sein mildes Auge schaut aus jeder Blume!"
Ich habe dich in der Natur gesucht,
Und weltlich Wissen war die eitle Frucht.

Und muß ich schauen in des Schicksals Gange,
Wie oft ein gutes Herz in diesem Leben
Vergebens zu dir schreit aus seinem Drange,
Bis es verzweifelnd sich der Sünd' ergeben:
Dann scheint mir alle Liebe wie ein Spott,
Und keine Gnade fühl' ich, keinen Gott!

Und schlingen sich so wunderbar die Knoten,
Daß du in Licht erscheinst dem treuen Blicke:
Da hat der Böse seine Hand geboten
Und baut dem Zweifel eine Nebelbrücke,
Und mein Verstand, der sich nur selber traut,
Der meint gewiß, sie sei von Gold gebaut.

Ich weiß es, daß du bist, ich muß es fühlen
Wie eine schwere kalte Hand mich drücken,
Daß einst ein dunkles Ende diesen Spielen,
Daß jede Tat sich ihre Frucht muß pflücken;
Ich fühle der Vergeltung mich geweiht,
Ich fühle dich, doch nicht mit Freudigkeit.

Wo find' ich dich in Hoffnung und in Lieben?
Denn jene ernste Macht, die ich erkoren,
Das ist der Schatten nur, der mir geblieben
Von deinem Bilde, da ich es verloren.
O Gott, du bist so mild, du bist so licht!
Ich suche dich in Schmerzen, birg dich nicht!

Am ersten Sonntag nach Ostern
> Evang.: Jesus geht durch verschlossene Türen
> und spricht: Der Friede sei mit euch!

Und hast du deinen Frieden denn gegeben
An alle, die sich sehnen um dein Heil,
So will ich meine Stimme auch erheben:
Hier bin ich, Vater, gib mir auch mein Teil!
Warum sollt' ich, ein ausgeschloßnes Kind,
Allein verschmachtend um mein Erbe weinen?
Warum nicht sollte deine Sonne scheinen,
Wo doch im Boden gute Keime sind?

Oft mein' ich zwar, zum Beten sei genommen
Mir alles Recht, da es so trüb' und lau;
Mir könne nur geduldig Harren frommen
Und starrer Ausblick zu des Himmels Blau:
Doch Herr, der du dem Zöllner dich gesellt,
O laß nicht zu, daß ich in Nacht verschwimme;

Dem irren Lamme ruft ja deine Stimme,
Und um den Sünder kamst du in die Welt.

Wohl weiß ich, wie es steht in meiner Seelen,
Wie glaubensarm, wie trotzig und verwirrt,
Wohl weiß ich, daß sich manches mochte hehlen;
Ich fühle, wie es durch die Nerven schwirrt,
Und kraftlos folg' ich seiner trüben Spur.
Mein Helfer, was ich nimmer mag ergründen,
Du kennst es wohl, du weißt es wohl zu finden,
Du bist der Arzt, ich bin der Kranke nur.

Und hast du tief geschaut in meine Sünden,
Wie nicht ein Menschenauge schauen kann;
Hast du gesehn, wie in den tiefsten Gründen
Noch schlummert mancher wüste, dunkle Wahn:
Doch weiß ich auch, daß keine Trän' entschleicht,
Die deine treue Hand nicht hat gewogen,
Und daß kein Seufzer dieser Brust entflogen,
Der dein barmherzig Ohr nicht hat erreicht.

Du, der verschloßne Türen kann durchdringen,
Sieh, meine Brust ist ein verschloßnes Tor.
Zu matt bin ich, die Riegel zu bezwingen;
Doch siehst du, wie ich angstvoll steh' davor.
Brich ein, brich ein! O komm mit deiner Macht,
Gib mir die Kräfte, die du mir entzogen;
O laß mich schauen deinen Friedensbogen,
Und deine Sonne leucht' in meine Nacht!

Nicht weich' ich, eh ich einen Schein gesehen,
Und wär' er schwach wie Warmes Flimmer auch;

Und nicht von dieser Schwelle will ich gehen,
Bis ich vernommen deiner Stimme Hauch.
So sprich, mein Vater, sprich denn auch zu mir
Mit jener Stimme, die Maria nannte,
Als sie verkennend, weinend ab sich wandte,
O sprich: „Mein Kind, der Friede sei mit dir!"

Am dritten Sonntag nach Ostern
„Über ein kleines werdet ihr mich sehen."

Ich seh' dich nicht!
Wo bist du denn, o Hort, o Lebenshauch?
Kannst du nicht wehen, daß mein Ohr es hört?
Was wirbelst, was verflatterst du wie Rauch,
Wenn sich das Aug' nach deinen Zeichen kehrt?
Mein Wüstenlicht,
Mein Aronsstab, der lieblich könnte grünen,
Du tust es nicht;
So muß ich eigne Schuld und Torheit sühnen.

Heiß ist der Tag;
Die Sonne prallt von meiner Zelle Wand.
Ein traulich Vöglein flattert ein und aus;
Sein glänzend Auge fragt mich unverwandt:
Schaut nicht der Herr zu diesen Fenstern aus?
Was fragst du nach?
Die Stirne muß ich senken und erröten.
O bittre Schmach!
Mein Wissen mußte meinen Glauben töten.

Die Wolke steigt,
Und langsam über den azurnen Bau
Hat eine Schwefelhülle sich gelegt.

Die Lüfte wehn so seufzervoll und lau,
Und Angstgestöhn sich in den Zweigen regt;
Die Herde keucht.
Was fühlt das stumpfe Tier? Ist's deine Schwüle?
Ich steh' gebeugt;
Mein Herr, berühre mich, daß ich dich fühle!

Ein Donnerschlag!
Entsetzen hat den kranken Wald gepackt.
Ich sehe, wie im Nest mein Vogel duckt.
Wie Ast an Ast sich ächzend reibt und knackt,
Wie Blitz an Blitz durch Schwefelgassen zuckt.
Ich schau' ihm nach;
Ist's deine Leuchte nicht, gewaltig Wesen?
Warum denn, ach,
Warum nur fällt mit ein, was ich gelesen?

Das Dunkel weicht,
Und wie ein leises Weinen fällt herab
Der Wolkentau; Geflüster fern und nah.
Die Sonne senkt den goldnen Gnadenstab,
Und plötzlich steht der Friedensbogen da.
Wie? Wird denn feucht
Mein Auge? Ist nicht Dunstgebild der Regen?
Mir wird so leicht!
Wie? Kann denn Halmes Reibung mich bewegen?

Auf Bergeshöhn
Stand ein Prophet und suchte dich wie ich:
Da brach ein Sturm der Riesenfichte Ast,
Da fraß ein Feuer durch die Wipfel sich;
Doch unerschüttert stand der Wüste Gast.

Da kam ein Wehn
Wie Gnadenhauch, und zitternd überwunden
Sank der Prophet
Und weinte laut und hatte dich gefunden.

Hat denn dein Hauch
Verkündet mir, was sich im Sturme barg,
Was nicht im Blitze sich enträtselt hat:
So will ich harren auch. Schon wächst mein Sarg,
Der Regen fällt auf meine Schlummerstatt!
Dann wird wie Rauch
Entschwinden eitler Weisheit Nebelschemen,
Dann schau' ich auch,
Und meine Freude wird mir niemand nehmen.

Am vierten Sonntage nach Ostern
Evang.: Ich sehe zu dem, der mich gesandt hat. (Joh. 16,5-19.)

Nicht eine Gnadenflamme hehr
Vor deinem Volke soll ich gehn;
Nein, ein versteinert Leben schwer
Wie Sodoms Säule muß ich stehn
Und um mich her
Die Irren träumend schwanken sehn.

Und ob auch Öde mich umgibt
Und ob mich würgt der Nebel fast,
Mir Wirbelsand die Augen trübt,
Doch weiß ich, daß mein Sinn dich faßt,
Daß er dich liebt,
Und daß du mich gesendet hast.

Den Lebenshauch halt' ich von dir,
Unsterblich hast du mich gemacht;
Nicht Glut, nicht Dürre schadet mir.
Ich weiß, ich bin in deiner Wacht,
Und muß ich hier
Auch stehn wie ein Prophet der Nacht.

Ich hebe meine Stimme laut
Ein Wüstenherold für die Not:
„Wacht auf, ihr Träumer, aufgeschaut!
Am Himmel steigt das Morgenrot.
Nur aufgeschaut!
Nur nicht zurück, dort steht der Tod!

Nur aufgeschaut, nur nicht zurück!
Laßt Menschenweisheit hinter euch!
Sie ist der Tod; ihr schnödes Glück
Ist übertünchtem Grabe gleich.
O hebt den Blick!
Der Himmel ist so mild und reich.

Könnt' ich mein Auge heben nur,
Mein steinern Auge zu dem Blau:
Wie sög' ich aus der Himmelsflur
So liebekrank den milden Tau!
Doch hat Natur
Und Schuld verschlossen mir die Brau'.

Ob nimmer sich die Rinde hebt?
Ach einmal, einmal muß es sein!
Wenn Sodoms Säule sich belebt,
Dann bricht auch meine Stunde ein,

Wenn es durchbebt
Den armen blutberaubten Stein.

Dann soll ich wissen, was ich bin,
Warum so todesstarr und matt;
Dann weiß ich, was den klaren Sinn
Getrieben zu der öden Statt;
Dann knie ich hin
Vor dem, der mich gesendet hat.

Am fünften Sonntag nach Ostern
„Über solches habe ich zu euch geredet,
damit, wenn die Stunde kömmt, ihr daran
gedenket, daß ich es euch gesagt habe."

Erwacht! der Zeltenzeiger hat
Auf die Minute sich gestellt;
Dem rostigen Getriebe matt
Ein neues Rad ist zugesellt;
Die Feder steigt, der Hammer fällt.

Wie den Soldaten auf der Wacht
Die Ronde schreckt aus dumpfer Ruh',
So durch gewitterschwüle Nacht
Ruft uns die Glockenstimme zu:
Wie nennst du dich? Wer bist denn du?

Und mancher, der im langen Traum
Den eignen Namen fast verschlief,
Stieß nun von sich den schnöden Flaum
Und hastig die Parole rief,
So ernst die Glocke sprach und tief.

Wer möchte sich in solcher Zeit
Von deinem Heere schließen aus?
Was Lenz und Sonne hat zerstreut,
Das sucht im Sturme wohl sein Haus,
Nur Vagabunden bleiben draus.

Dem Kleinsten ward sein wichtig Teil,
Umsonst hat keiner seinen Stand.
Mag, was da hoch, zu Kraft und Heil
Uns leuchten von der Zinne Rand,
Doch nur die Masse schützt das Land.

Ist es ein schwacher Posten auch,
Auf den mich deine Hand gestellt:
So ward mir doch des Wortes Hauch,
Das furchtlos wandelt durch die Welt,
Gleich ob es dunkelt oder hellt.

Tu' nur ein jeder, was er kann,
Daß hilfreich stehe Schaft an Schaft;
Der Niedre schließe treulich an,
Der Hohe zeige seine Kraft:
Dann weiß ich wohl, wer Rettung schafft!

Am Pfingstmontage
> „Also hat Gott die Welt geliebt, daß
> er ihr seinen eingeborenen Sohn gesandt
> hat, damit keiner, der an ihn glaubt,
> verloren gehe."

Ist's nur der Glaube, dem dein Wort verheißt?
Dann bin ich tot.
O Glaube, der wie Lebensodem kreist,

Er tut mir not;
Ich hab' ihn nicht!
Ach, nimmst du statt des Glaubens nicht die Liebe
Und des Verlangens tränenschweren Zoll:
So weiß ich nicht, wie mit noch Hoffnung bliebe;
Gebrochen ist der Stab, das Maß ist voll
Mir zum Gericht!

Mein Heiland, der du liebst, wie niemand liebt,
Fühlst du denn kein
Erbarmen, wenn so krank und tiefbetrübt
Auf hartem Stein
Dein Ebenbild vergehend kniet und flehet?
Ist denn der Glaube nur dein Gotteshauch?
Hast du nicht tief in unsre Brust gesäet
Mit deinem eignen Blut die Liebe auch?
O sei doch mild!

Ein hartes schweres Wort hast du gesagt:
Daß wer nicht glaubt,
Gerichtet ist! Ich seh' nicht, wo es tagt.
Doch so beraubt
Läßt er mich nicht,
Der hingab seinen eingebornen Sohn
Für Sünder wie für Fromme allzugleich.
Zu ihm ich schau', ach nicht um Preis und Lohn,
Nur um ein Hoffnungswort! Du bist so reich,
Mein Gnadenlicht!

Du, der die Taufe des Verlangens hat
So gnädiglich
Besiegelt selbst an Sakramentes Statt:

Nicht zweifle ich,
Du hast gewiß
Den Glauben des Verlangens, Sehnens Weihe
Gesegnet auch; sonst wärst du wahrlich nicht
So groß an Milde und so stark an Treue:
Brächst du ein Zweiglein, draus die Knospe bricht
Und Frucht verhieß.

Was durch Verstandes Irren ich verbrach,
Ich hab' es ja
Gebüßt so manche Nacht und manchen Tag;
So sei mir nah!
Nach meiner Kraft,
Die freilich ich geknickt durch eigne Schulden,
Doch einmal aufzurichten nicht vermag,
Will hoffen ich, will tragen und will dulden;
Dann gibst du, Treuer, wohl dem Glauben nach,
Der Hilfe schafft!

Am zwölften Sonntage nach Pfingsten

> „Der Zöllner aber stand von fern und wollte seine Augen nicht zum Himmel aufheben, sondern schlug an seine Brust und sprach: Gott, sei mir Sünder gnädig!"

Ja, wenn ich schaue deine Opferflamme
In eines frommen Auges reiner Glut,
Durchzuckt es mich, als ob es mich verdamme;
Der scharfe Strahl fährt in mein schuldig Blut.
Wie blendet mich das Licht!
Die Augen darf ich nicht erheben;
Ich darf es nicht,
Und meine Wimpern beben.

Und unter den geschloßnen Lidern fahren
Die Schatten alter Sünden hin und her.
Was dann sich muß dem Hirne offenbaren,
O, meinem Feinde werd' es nicht so schwer!
Aus Grund und Wänden auch
Sie dampfen, schweben durch die Zimmer,
Gebild' aus Rauch;
So war und bleibt es immer.

Wenn eine milde Tat ich seh vollbringen,
So recht aus übervollen Herzens Grund,
So klar die warmen Liebesquellen springen,
Nur achtend was dem Bruder sei gesund;
Wenn, ganz ein Gotteskind,
Sich unbewußt, im Gnadenkleide scheinet,
Die Träne lind
Nicht fragt, warum sie weinet:

Dann wühlt in meinem Busen das Gewissen,
Schutt und Geröll stellt sich mein Wirken dar;
Mein Geben und mein Streben, wie zerrissen
Von Grübelns Dornen, wie der Einheit bar!
Und überall mein Fuß
An Gitter stößt, an Kerkerschragen,
Und zitternd muß
An meine Brust ich schlagen.

Vor allem, ach, wenn eine fromme Stimme
Mir flüstert zu ein einfach heilig Wort,
So sicher, daß mein Herz in Glauben schwimme,
So unbesorgt um meines Lebens Port,
Mir deiner Gnade Laut

Unschuldig beut als Losungszeichen,
Und ganz vertraut
An meine Brust will schleichen:

Dann müssen alle Worte sich empören,
Die frevelnd ich gesprochen einst und je,
Und alles was noch jetzt mich kann verstören,
Das steigt und wirbelt um mich wie ein See.
Dann fühl' ich in dem Schaum
Noch heut mich keiner Bande ledig,
Dann stöhn' ich kaum:
Gott sei mir Sünder gnädig!

Am letzten Tage des Jahres

Das Jahr geht um,
Der Faden rollt sich sausend ab.
Ein Stündchen noch, das letzte heut,
Und stäubend rieselt in sein Grab,
Was einstens war lebend'ge Zeit.
Ich harre stumm.

's ist tiefe Nacht!
Ob wohl ein Auge offen noch? –
In diesen Mauern rüttelt dein
Verrinnen, Zeit! Mir schaudert doch.
Es will die letzte Stunde sein
Einsam durchwacht.

Geschehen all,
Was ich begangen und gedacht;
Was mir aus Haupt und Herzen stieg,

Das steht nun eine ernste Wacht
Am Himmeletor. O halber Sieg!
O schwerer Fall!

Wie reißt der Wind
Am Fensterkreuze! Ja, es will
Auf Sturmesfittiche das Jahr
Zerstäuben, nicht ein Schatten still
Verhauchen unterm Sternenklar.
Du Sündenkind!

War nicht ein hohl
Und heimlich Saufen jeder Tag
In deiner wüsten Brust Verließ,
Wo langsam Stein an Stein zerbrach,
Wenn es den kalten Odem stieß
Vom starren Pol?

Mein Lämpchen will
Verlöschen, und begierig saugt
Der Docht den letzten Tropfen Öl.
Ist so mein Leben auch verraucht?
Eröffnet sich des Grabes Höhl'
Mir schwarz und still?

Wohl in dem Kreis,
Den dieses Jahres Lauf umzieht,
Mein Leben bricht. Ich wußt' es lang,
Und dennoch hat dies Herz geglüht
In eitler Leidenschaften Drang.
Mir brüht der Schweiß

Der tiefsten Angst
Auf Stirn und Hand. Wie dämmert feucht
Ein Stern dort durch die Wolken nicht!
Wär' es der Liebe Stern vielleicht,
Dir zürnend mit dem trüben Licht,
Daß du so bangst?

Horch, welch Gesumm?
Und wieder? Sterbemelodie!
Die Glocke regt den ehrnen Mund.
O Herr, ich falle auf das Knie:
Sei gnädig meiner letzten Stund'!
Das Jahr ist um!

Verzeichnis nicht allgemein bekannter Wörter, die A. von Droste-Hülshoff benutzt.

Anathem: Bann, Fluch
Anathuma: verflucht, Fluchformel, Fluch, Bann.
Asbest: nicht brennbares faseriges Mineral (Faust, II. Teil, fingen die vollendeteren Engel):
Uns bleibt ein Redenrest
Zu tragen peinlich,
und wär' er von Asbest,
Er ist nicht reinlich.
Bacchanal der Sinne: Sinnentaumel
Brodem: schwüler Dampf oder Dunst
Byffus: antiker Stoff aus Baumwolle oder Seide
Datura: giftiger Stechapfel
Dionäa: Insekten fressende Pflanzen
Gant: Konkurs
Ginsterlode: Schoß am Ginster
Gneis: kristallinisches Gestein aus Feldspat, Quarz und Glimmer, schiefriger Struktur
Grant: kiesiger Grund
Hetäre: Freundin griechischer Männer
Kamp: eingehegtes Stück Land (Westfalen)
Kanker: langbeinige Spinnenart der Heide
Karneol: Mineral, Abart des Chalzedons
Kolk: Erdloch voll Wasser
Leviathan: Name eines Seeungeheuers im Alten Testament .
Mänaden-Bacchantinnen: rasende Weiber im Gefolge des Dionysos
Mahr: Nachtgeist

Merle: Amsel
Mergel: Gesteinsart
Naphtha: leichtflüssige, sehr entzündliche Flüssigkeit
Obol: griechische Münze
Petrefakt: Versteinerung
Phaläne: Schmetterlingsart
Pygmäen: Zwergenvolk, von dem Homer erzählt
Seraph: übermenschliche Wesen, die Jehova begleiten
Schmele: Heidegras
Schmerle: Fischart
Schnat: Grenze
Skarabäus: Mistkäfer (Käfersteine, bei den alten Ägyptern zum Siegeln benutzt)
Schröter: Hirschkäfer
Smollis: Trinkgruß bei Studentkommersen, Smollistrinken = Brüderschafttrinken
Stärke: das weibliche Rind bis zur Geburt des ersten Kalbes
Sturen: stieren
Shrinxflöten: Syrinr, eine griechische Nymphe, die in Schilf verwandelt wurde, aus dem Pan seine Flöte machte.
Tang: Meerespflanzen (Algen)
Weihel: ein Stück Zeug, das die Nonnen über den Kopf legen und das obere Teil des Gesichts fast ganz bedeckt.
Weidenklippe: ein Instrument zum Vogelfang.

Inhalt

Entstanden:	Seite
Gedichte vermischten Inhalts	
1840 - 1841 Meine Toten	94
1826 - 1830 Das vierzehnjährige Herz	96
1841 - 1842 Junge Liebe	97
1841 - 1842 Brennende Liebe	98
1841 - 1842 Am Turme	100
1841 - 1842 Im Moose	101
Der Brief aus der Heimat	103
1841 - 1842 Die Bank	105
1841 - 1842 Die Taxuswand	107
1841 - 1842 Die Nadel im Baume	108
1844 - 1846 Spätes Erwachen	110
1844 - 1846 Auch ein Beruf	113
1841 - 1842 An die Schriftstellerinnen	116
1841 - 1842 Mein Beruf	119
1844 - 1846 Nach 15 Jahren (im Text)	41
An die Weltverbesserer	121
Abschied von der Jugend	122
1841 - 1842 Instinkt	124
1841 - 1842 Meine Sträuße	126
Die Unbesungenen	128
1844 Lebt wohl (im Text)	86
1844 - 1846 Grüße	128
1844 - 1846 Mondesaufgang	130
1841 - 1842 Die Schenke am See	132
1841 - 1842 Am Bodensee	134
1838 - 1839 An Professor Schlüter (im Text)	60
1841 - 1842 Neujahrsnacht	136
Silvesterabend (unbestimmt)	140
Heidebilder	
1841 - 1842 Der Weiher	143
1838 - 1842 Das Schilf	143
1838 - 1842 Die Linde	144
1838 - 1842 DieWasserfäden	145
1838 - 1842 Kinder am Ufer	145
Die Krähen	146

1841 - 1842 Der Knabe im Moor	152
1841 - 1842 Das Haus in der Heide	154
1841 - 1842 Der Heidemann	156
1841 - 1842 Der Hünenstein	158

Gedenkblätter

An meine Mutter (unbestimmt)	162
Clemens v. Droste (unbestimmt, im Text)	34
An Elise (im Text)	66
1841 - 1842 An Katharine Schütting (im Text)	51
1841 - 1842 An Levin Schücking	162
1844 An denselben	163
An ***	165
1848 An Joseph v. Laßberg	166

Balladen

1836 - 1837 Der Graf von Thal	168
1840 - 1841 Das Fräulein von Rodenschild	178
1840 - 1841 Der Geierpfiff	182

Erzählende Gedichte

1844 Die junge Mutter	188
Die beschränkte Frau (unbestimmt)	190
1836 - 1837 Des alten Pfarrers Woche	193
1844 - 1848 Der sterbende General	209
Das geistliche Jahr	
Am Neujahrstage	212
1820 Am ersten Sonntag nach heiligen drei Könige	214
Am ersten Sonntag nach Ostern (unbestimmt)	216
1839 Am dritten Sonntag nach Ostern	218
Am vierten Sonntag nach Ostern (unbestimmt)	220
Am fünften Sonntag nach Ostern (unbestimmt)	222
Am Pfingstmontage (unbestimmt)	223
Am zwölften Sonntag nach Pfingsten (unbestimmt)	225
Silvester1839 Am letzten Tage des Jahres	227

Ebenfalls im SEVERUS Verlag erhältlich:

Erich Marcks
Alfred Lichtwark und sein Lebenswerk
Aus Fraktur übertragen
SEVERUS 2011 / 52 S. / 19,50 Euro
ISBN 978-3-86347-167-5

„Aber die Kunst und sein Hamburg blieben ihm Ausgang und Ziel, wohin auch immer ihn sein Aufschwung trug".

Von 1886 an bis zu seinem Tode Direktor der Hamburger Kunsthalle, war Alfred Lichtwark eine bedeutende Persönlichkeit der Deutschen und insbesondere der Hamburger Kunstwelt. Als Mitbegründer der Kunstpädagogik war es zeitlebens außerdem sein vornehmstes Ziel, der Öffentlichkeit die gegenwärtige Kunst näher zu bringen.

Lichtwark war Anhänger des Realismus und bekannter Förderer der Hamburger Kunst und seiner Kreativen. Dank seines Eifers befindet sich noch heute in der Hamburger Kunsthalle eine große Sammlung von Ausstellungsstücken Hamburger und anderer Künstler.

Erich Marcks (1861–1938) war Professor der Geschichtswissenschaften und Bekannter von Alfred Lichtwark. Er lehrte an verschiedenen Universitäten und schrieb kurz nach dessen Tod diesen Nachruf auf Lichtwark und sein Leben.

www.severus-verlag.de

Ebenfalls im SEVERUS Verlag erhältlich:

Lou Andreas-Salomé
Rainer Maria Rilke
gebundene Sonderausgabe zum 150. Geburtstag der Autorin
SEVERUS 2010 / 144 S. / 24,50 Euro
ISBN 978-3-86347-031-9

Lou Andreas-Salomé hat ein eindringliches und geistreiches Werk über einen der bekanntesten deutschen Dichter verfaßt, das sensibel und intelligent zu einem tieferen Verständnis Rilkes und seines Schaffens führt.
Geprägt durch die enge persönliche Beziehung der Autorin zum Dichter, durch das Hinzuziehen des Briefwechsels, gleicht dieses Buch vielmehr einem Sich-Erinnern, einem Zwiegespräch, einem letzten Beisammensein und ist durch den poetischen und feinsinnigen Schreibstil ein kostbares Kleinod deutscher Literatur.

www.severus-verlag.de

Ebenfalls im SEVERUS Verlag erhältlich:

Arthur Eloesser
Thomas Mann – Sein Leben und sein Werk
SEVERUS 2011 / 164 S. / 29,50 Euro
ISBN 978-3-86347-017-3

Thomas Mann, am 4. September 1875 in Lübeck geboren, zählt zu den bedeutendsten Erzählern deutscher Sprache des 20. Jahrhunderts. Er schrieb acht Romane verschiedensten Umfangs, sowie zahlreiche Novellen und Erzählungen. Schon 1894 wurde sein erstes Werk veröffentlicht – die Novelle „Gefallen". Für seinen ersten, 1900 erschienenen, Roman „Die Buddenbrooks" erhielt er 1925 den Nobelpreis für Literatur.

Der Literaturwissenschaftler Arthur Eloesser befasst sich in dieser Biographie des Schriftstellers Thomas Mann mit ausgewählten Romanen und Novellen. Zum Zeitpunkt der Erstveröffentlichung des vorliegenden Werkes war Thomas Mann fünfzig Jahre alt. Arthur Eloesser bezeichnet den Schriftsteller als ein bewiesenes aber zugleich auch unausgeschöpftes Talent – die Biographie soll deshalb kein Denkmal sein, sondern die Beschreibung eines Autors, dessen Werk allmählich jünger, mutwilliger und spielfreudiger geworden ist. Die Dankbarkeit und Verehrung Arthur Eloessers für Thomas Mann ist in jedem Kapitel deutlich zu spüren.

www.severus-verlag.de

Bisher im SEVERUS Verlag erschienen:

Achelis. Th. Die Entwicklung der Ehe * Die Religionen der Naturvölker im Umriß, Reihe ReligioSus Band V * **Andreas-Salomé, Lou** Rainer Maria Rilke * **Arenz, Karl** Die Entdeckungsreisen in Nord- und Mittelafrika von Richardson, Overweg, Barth und Vogel * **Aretz, Gertrude (Hrsg)** Napoleon I - Briefe an Frauen * **Ashburn, P.M** The ranks of death. A Medical History of the Conquest of America * **Avenarius, Richard** Kritik der reinen Erfahrung * Kritik der reinen Erfahrung, Zweiter Teil * **Beneke, Otto** Von unehrlichen Leuten: Kulturhistorische Studien und Geschichten aus vergangenen Tagen deutscher Gewerbe und Dienste * **Berneker, Erich** Graf Leo Tolstoi * **Bernstorff, Graf Johann Heinrich** Erinnerungen und Briefe * **Bie, Oscar** Franz Schubert - Sein Leben und sein Werk * **Binder, Julius** Grundlegung zur Rechtsphilosophie. Mit einem Extratext zur Rechtsphilosophie Hegels * **Bliedner, Arno** Schiller. Eine pädagogische Studie * **Birt, Theodor** Frauen der Antike * **Blümner, Hugo** Fahrendes Volk im Altertum * **Boos, Heinrich** Geschichte der Freimaurerei. Ein Beitrag zur Kultur- und Literatur-Geschichte des 18. Jahrhunderts * **Brahm, Otto** Das deutsche Ritterdrama des achtzehnten Jahrhunderts: Studien über Joseph August von Törring, seine Vorgänger und Nachfolger * **Brandes, Georg** Moderne Geister: Literarische Bildnisse aus dem 19. Jahrhundert. * **Braun, Lily** Lebenssucher * **Braun, Ferdinand** Drahtlose Telegraphie durch Wasser und Luft * **Brunnemann, Karl** Maximilian Robespierre - Ein Lebensbild nach zum Teil noch unbenutzten Quellen * **Büdinger, Max** Don Carlos Haft und Tod insbesondere nach den Auffassungen seiner Familie * **Burkamp, Wilhelm** Wirklichkeit und Sinn. Die objektive Gewordenheit des Sinns in der sinnfreien Wirklichkeit * **Caemmerer, Rudolf Karl Fritz** Die Entwicklung der strategischen Wissenschaft im 19. Jahrhundert * **Casper, Johann Ludwig** Handbuch der gerichtlich-medizinischen Leichen-Diagnostik: Thanatologischer Teil, Bd. 1 * Bd. 2 * **Cronau, Rudolf** Drei Jahrhunderte deutschen Lebens in Amerika. Eine Geschichte der Deutschen in den Vereinigten Staaten * **Cunow, Heinrich** Geschichte und Kultur des Inkareiches * **Cushing, Harvey** The life of Sir William Osler, Volume 1 * The life of Sir William Osler, Volume 2 * **Dahlke, Paul** Buddhismus als Religion und Moral, Reihe ReligioSus Band IV * **Dühren, Eugen** Der Marquis de Sade und seine Zeit. in Beitrag zur Kultur- und Sittengeschichte des. 18. Jahrhunderts. Mit besonderer Beziehung auf die Lehre von der Psychopathia Sexualis * **Eckstein, Friedrich** Alte, unnennbare Tage. Erinnerungen aus siebzig Lehr- und Wanderjahren * Erinnerungen an Anton Bruckner * **Eiselsberg, Anton Freiherr von** Lebensweg eines Chirurgen * **Eloesser, Arthur** Thomas Mann - sein Leben und Werk * **Elsenhans, Theodor** Fries und Kant. Ein Beitrag zur Geschichte und zur systematischen Grundlegung der Erkenntnistheorie. * **Engel, Eduard** Shakespeare * Lord Byron. Eine Autobiographie nach Tagebüchern und Briefen. * **Ewald, Oscar** Nietzsches Lehre in ihren Grundbegriffen * Die französische Aufklärungsphilosophie * **Ferenczi, Sandor** Hysterie und Pathoneurosen * **Fichte, Immanuel Hermann** Die Idee der Persönlichkeit und der individuellen Fortdauer * **Fourier, Jean Baptiste Joseph Baron** Die Auflösung der bestimmten Gleichungen * **Frazer, James George** Totemism und Exogamy. A Treatise on Certain Early Forms of Superstition and Society * **Frey, Adolf** Albrecht von Haller und seine Bedeutung für die deutsche Literatur * **Frimmel, Theodor von** Beethoven Studien I. Beethovens äußere Erscheinung * Beethoven Studien II. Bausteine zu einer Lebensgeschichte des Meisters * **Fülleborn, Friedrich** Über eine medizinische Studienreise nach Panama, Westindien und den Vereinigten Staaten * **Gmelin, Johann Georg** Quousque? Beiträge zur soziologischen Rechtfindung * **Goette, Alexander** Holbeins Totentanz und seine Vorbilder * **Goldstein, Eugen** Canalstrahlen * **Graebner, Fritz** Das Weltbild der Primitiven: Eine Untersuchung der Urformen weltanschaulichen Denkens bei Naturvölkern * **Griesinger, Wilhelm** Handbuch der speciellen Pathologie und Therapie: Infectionskrankheiten * **Griesser, Luitpold** Nietzsche und Wagner - neue Beiträge zur Geschichte und Psychologie ihrer Freundschaft * **Hanstein, Adalbert von** Die Frauen in der Geschichte des Deutschen Geisteslebens des 18. und 19. Jahrhunderts * **Hartmann, Franz** Die Medizin des Theophrastus Paracelsus von Hohenheim * **Heller, August** Geschichte der Physik von Aristoteles bis auf die neueste Zeit. Bd. 1: Von Aristoteles bis Galilei * **Helmholtz, Hermann von** Reden und Vorträge, Bd. 1 * Reden und Vorträge, Bd. 2 * **Henker, Otto** Einführung in die Brillenlehre * **Henne am Rhyn, Otto** Aus Loge und Welt: Freimaurerische und kulturgeschichtliche Aufsätze * **Jahn, Ulrich** Die deutschen Opfergebräuche bei Ackerbau und Viehzucht. Ein Beitrag zur Deutschen Mythologie und Altertumskunde * **Kalkoff, Paul** Ulrich von Hutten und die Reformation. Eine kritische Geschichte seiner wichtigsten Lebenszeit und der Ent-

www.severus-verlag.de

scheidungsjahre der Reformation (1517 - 1523), Reihe ReligioSus Band I * **Kaufmann, Max** Heines Liebesleben * **Kautsky, Karl** Terrorismus und Kommunismus: Ein Beitrag zur Naturgeschichte der Revolution * **Kerschensteiner, Georg** Theorie der Bildung * **Kotelmann, Ludwig** Gesundheitspflege im Mittelalter. Kulturgeschichtliche Studien nach Predigten des 13., 14. und 15. Jahrhunderts * **Klein, Wilhelm** Geschichte der Griechischen Kunst - Erster Band: Die Griechische Kunst bis Myron * **Krömeke, Franz** Friedrich Wilhelm Sertürner - Entdecker des Morphiums * **Külz, Ludwig** Tropenarzt im afrikanischen Busch * **Leimbach, Karl Alexander** Untersuchungen über die verschiedenen Moralsysteme * **Liliencron, Rochus von / Müllenhoff, Karl** Zur Runenlehre. Zwei Abhandlungen * **Mach, Ernst** Die Principien der Wärmelehre * **Mackenzie, William Leslie** Health and Disease * **Maurer, Konrad** Island von seiner ersten Entdeckung bis zum Untergange des Freistaats * **Mausbach, Joseph** Die Ethik des heiligen Augustinus. Erster Band: Die sittliche Ordnung und ihre Grundlagen * **Mauthner, Fritz** Die drei Bilder der Welt - ein sprachkritischer Versuch * **Meissner, Franz Hermann** Arnold Böcklin * **Meyer, Elard Hugo** Indogermanische Mythen, Bd. 1: Gandharven-Kentauren * **Müller, Adam** Versuche einer neuen Theorie des Geldes * **Müller, Conrad** Alexander von Humboldt und das Preußische Königshaus. Briefe aus den Jahren 1835-1857 * **Naumann, Friedrich** Freiheitskämpfe * **Oettingen, Arthur von** Die Schule der Physik * **Ossipow, Nikolai** Tolstois Kindheitserinnerungen. Ein Beitrag zu Freuds Libidotheorie * **Ostwald, Wilhelm** Erfinder und Entdecker * **Peters, Carl** Die deutsche Emin-Pascha-Expedition * **Poetter, Friedrich Christoph** Logik * **Popken, Minna** Im Kampf um die Welt des Lichts. Lebenserinnerungen und Bekenntnisse einer Ärztin * **Prutz, Hans** Neue Studien zur Geschichte der Jungfrau von Orléans * **Rank, Otto** Psychoanalytische Beiträge zur Mythenforschung. Gesammelte Studien aus den Jahren 1912 bis 1914. * **Ree, Paul Johannes** Peter Candid * **Rohr, Moritz von** Joseph Fraunhofers Leben, Leistungen und Wirksamkeit * **Rubinstein, Susanna** Ein individualistischer Pessimist: Beitrag zur Würdigung Philipp Mainländers * Eine Trias von Willensmetaphysikern: Populär-philosophische Essays * **Sachs, Eva** Die fünf platonischen Körper: Zur Geschichte der Mathematik und der Elementenlehre Platons und der Pythagoreer * **Scheidemann, Philipp** Memoiren eines Sozialdemokraten, Erster Band * Memoiren eines Sozialdemokraten, Zweiter Band * **Schleich, Carl Ludwig** Erinnerungen an Strindberg nebst Nachrufen für Ehrlich und von Bergmann * Das Ich und die Dämonien * **Schlösser, Rudolf** Rameaus Neffe - Studien und Untersuchungen zur Einführung in Goethes Übersetzung des Diderotschen Dialogs * **Schweitzer, Christoph** Reise nach Java und Ceylon (1675-1682). Reisebeschreibungen von deutschen Beamten und Kriegsleuten im Dienst der niederländischen West- und Ostindischen Kompagnien 1602 - 1797. * **Schweitzer, Philipp** Island - Land und Leute * **Sommerlad, Theo** Die soziale Wirksamkeit der Hohenzollern * **Stein, Heinrich von** Giordano Bruno. Gedanken über seine Lehre und sein Leben * **Strache, Hans** Der Eklektizismus des Antiochus von Askalon * **Sulger-Gebing, Emil** Goethe und Dante * **Thiersch, Hermann** Ludwig I von Bayern und die Georgia Augusta * Pro Samothrake * **Tyndall, John** Die Wärme betrachtet als eine Art der Bewegung, Bd. 1 * Die Wärme betrachtet als eine Art der Bewegung, Bd. 2 * **Virchow, Rudolf** Vier Reden über Leben und Kranksein * **Vollmann, Franz** Über das Verhältnis der späteren Stoa zur Sklaverei im römischen Reiche * **Volkmer, Franz** Das Verhältnis von Geist und Körper im Menschen (Seele und Leib) nach Cartesius * **Wachsmuth, Curt** Das alte Griechenland im neuen * **Weber, Paul** Beiträge zu Dürers Weltanschauung * **Wecklein, Nikolaus** Textkritische Studien zu den griechischen Tragikern * **Weinhold, Karl** Die heidnische Totenbestattung in Deutschland * **Wellhausen, Julius** Israelitische und Jüdische Geschichte, Reihe ReligioSus Band VI ***Wellmann, Max** Die pneumatische Schule bis auf Archigenes - in ihrer Entwickelung dargestellt * **Wernher, Adolf** Die Bestattung der Toten in Bezug auf Hygiene, geschichtliche Entwicklung und gesetzliche Bestimmungen * **Weygandt, Wilhelm** Abnorme Charaktere in der dramatischen Literatur. Shakespeare - Goethe - Ibsen - Gerhart Hauptmann * **Wlassak, Moriz** Zum römischen Provinzialprozeß * **Wulffen, Erich** Kriminalpädagogik: Ein Erziehungsbuch * **Wundt, Wilhelm** Reden und Aufsätze * **Zallinger, Otto** Die Ringgaben bei der Heirat und das Zusammengeben im mittelalterlich-deutschem Recht * **Zoozmann, Richard** Hans Sachs und die Reformation - In Gedichten und Prosastücken, Reihe ReligioSus Band III

www.ingramcontent.com/pod-product-compliance
Lightning Source LLC
Chambersburg PA
CBHW030110010526
44116CB00005B/183